Prima edizione, ottobre 2015

TUTTI I DIRITTI RISERVATI
Tutti i diritti letterari e artistici sono riservati.
E' vietata qualsiasi riproduzione di quest'opera.

Paolo Quagliarella

Astrologia

Perché funziona? Un viaggio attraverso alcuni concetti di psicologia junghiana, filosofia, biologia, fisica quantistica.

Dedico questo lavoro a mia moglie Domizia, a mio figlio Sergio e ai miei genitori Sergio e Vittoria, che non hanno mai criticato questi miei studi "alternativi".

Prefazione a cura di Enzo Barillà

Il libro che vi accingete a leggere affronta una tematica che ha impegnato le più brillanti energie intellettuali nel corso dei secoli. Perché l'Astrologia funziona? Già nella scelta stessa del titolo l'Autore ci rende partecipi non tanto di una personale convinzione, quanto della conclusione di un iter di ricerca che poggia su scoperte – a volte recenti e a volte non recentissime, ma tuttavia ritenute attendibili e, direi, ormai consolidate – in campo scientifico. Senza per questo trascurare i fondamentali apporti di discipline considerate sotto il profilo epistemologico non strettamente scientifiche – ma non per questo meno importanti nell'eterno cammino dell'uomo alla ricerca della verità – come la psicologia analitica di C. G. Jung, e la mitografia di Joseph Campbell. Né poteva mancare la filosofia, egregiamente rappresentata da Ernst Cassirer, scienza formale, insieme alla matematica, davanti alla quale tutte le scienze sperimentali, nessuna esclusa, debbono inchinarsi.

Tradizionalmente, a partire dai Greci, l'Astrologia viene suddivisa in quattro branche; si studia pertanto l'Astrologia genetliaca, l'Astrologia mondiale, l'Astrologia catarchica e l'Astrologia oraria. Una suddivisione che risponde bene al pensiero di Jung, secondo cui «la quaternità è un archetipo, che appare per così dire universalmente. Essa è la premessa logica per ogni *giudizio di totalità*. Se si vuole pronunciare un tale giudizio, esso deve avere un aspetto quadruplice.» (C. G. Jung, *Saggio d'interpretazione psicologica del dogma della Trinità).* Paolo Quagliarella nella sua opera sembra avere volto lo sguardo, più che a una singola branca, piuttosto all'Astrologia nella sua totalità, con particolare riguardo all'essenza e alle ragioni intrinseche della disciplina. Una disciplina da cui non è possibile, a mio modo di vedere, espungere – se non al prezzo di una grave mutilazione – il lato previsionale.

Pertanto, ricollegandoci al motivo conduttore del libro, si potrebbe anche giungere a riformulare la domanda posta dall'Autore come segue: "Perché le previsioni astrologiche funzionano?". Dato ovviamente atto che non sempre le previsioni astrologiche si avverano, soprattutto quando vogliono mirare a investigare la possibilità del verificarsi di avvenimenti riguardanti gli umani comportamenti. Ed è anche (e forse soprattutto) di questo che si è occupato Quagliarella, magari non sempre esplicitamente, nel suo excursus. Tuttavia, se l'Astrologia ambisce a ritornare nelle aule universitarie da cui fu improvvidamente scacciata nel XVII secolo, la via da percorrere passa necessariamente per lo studio e la pratica dell'Astrologia mondiale, che per suo fine e statuto si occupa di eventi collettivi.

E con questo balziamo indietro di parecchi secoli, e torniamo alle origini, ossia alla fertile pianura mesopotamica, dove tutto ebbe inizio. I Babilonesi avevano intuito e accolto nella loro visione del mondo l'idea della corrispondenza tra Alto e Basso, che i filosofi greci avrebbero in seguito accolto e chiamato macrocosmo e microcosmo. Così stava scritto nel *Manuale dell'astrologo*: «Cielo e terra, ambedue mandano segni univoci, ognuno per proprio conto, ma non indipendentemente, (ché) cielo e terra sono interconnessi.» (Giovanni Pettinato, *La scrittura celeste*).

E pertanto troviamo nel *Filebo* di Platone l'affermazione di Socrate circa la composizione di tutti i corpi degli esseri viventi, che sono fatti di fuoco, acqua, aria e terra; e similmente è composto il cosmo. Dice Socrate: "Capisci che si tratta della stessa cosa anche a proposito di quello che chiamiamo cosmo: infatti sarebbe in egual modo un corpo, risultante dall'unione di questi elementi." La strada fu dunque aperta ad altri successivi pensatori, tra cui spicca Plotino. «Le parti dell'universo sono simpatetiche, come le parti di un essere vivente. Tutte le cose sono coordinate, e ci sono analogie che rendono possibile la divinazione.» (Cfr. George Corrigo Conger, *Theories of macrocosms and microcosms*).

Le idee degli antichi filosofi trovano eco, risonanza e conferma nelle teorie degli scienziati contemporanei, che le esprimono in termini di campi morfici, etere, olomovimento, akasha. *Tout se tient*, tutto è collegato con tutto, dicono i francesi. E qui risiede il merito maggiore del libro: avere proposto una rassegna di teorie e di pensiero scientifico d'avanguardia che punta – seppure con differenze di sfumatura – nella medesima direzione, quella stessa direzione che sta alla base e alle fondamenta del pensiero astrologico e che di conseguenza lo legittima.

Se l'Astrologia parla un linguaggio simbolico, e se il simbolo ci conduce, junghianamente parlando, all'archetipo, lo sforzo più foriero di risultati utili alla comprensione e alla ricerca in campo astrologico (ma non solo, com'è intuibile) passa attraverso il tentativo di operare una saldatura tra psiche e materia, ovvero tra archetipi e fisica quantistica. Una strada già pionieristicamente intrapresa da C. G. Jung nel suo rapporto con il Nobel della fisica Wofgang Pauli.

A questa ricerca è in particolar modo sensibile l'Autore, che nel testo riporta – tra gli altri – un interessante scambio con lo scienziato Federico Carminati, fisico del CERN.

La lettura del lavoro di Paolo Quagliarella richiede molta attenzione e molto impegno, che però non manca di essere remunerato da un cospicuo ampliamento di conoscenze e consapevolezze, le quali indubbiamente aiuteranno gli studiosi seri orgogliosamente a collocare altri e più solidi mattoni nell'interminabile opera di edificazione del tempio di Urania.

Prefazione a cura di Grazia Bordoni

Tutti noi che ci occupiamo di Astrologia ci poniamo periodicamente la stessa domanda: ma poi funziona davvero? Perché l'esperienza comune ci mostra una grande contraddizione: a volte i simboli si esprimono nel reale con una precisione stupefacente, a volte sono decisamente sibillini e ci costringono ad arrampicarci sui vetri. Con grande rabbia di noi astrologi che vorremmo invece poter dire di possedere la chiave sicura che ci permette di accedere all'etere, alla Mente universale, all'Akasha di cui si parla nel libro. Perché noi sappiamo che c'è, eccome. Ne intravvediamo bagliori, filamenti, rivoli ma non riusciamo mai a imbroccare la via principale. Dobbiamo farcene una ragione, perché, come dice Paolo: "Non esiste alcuna realtà. C'è solo un'astratta descrizione della stessa attraverso i simboli astrologici. E' sbagliato pensare che il compito dell'Astrologia sia di scoprire qual è la natura umana. L'Astrologia riguarda quello che noi possiamo dire sulla natura umana attraverso l'interpretazione."

Ormai la maggior parte di noi è straconvinta che l'Astrologia sia un eccellente sistema descrittivo di mente, corpi, psiche e della realtà che ci circonda. Tuttavia esiste invece una grande responsabilità dell'astrologo perché parole e azioni possono modificare la realtà, non solo la nostra soggettiva, ma anche quella degli altri. La PNL (Programmazione Neuro Linguistica) insegna. La fisica quantistica, con i suoi esperimenti, sembra andare proprio in questa direzione. Il che spiegherebbe anche il pensiero positivo, l'effetto magico di Jodorowski, l'effetto placebo, le previsioni che si auto-avverano e chi più ne ha più ne metta. E dunque, a maggior ragione, l'astrologo ha una grandissima responsabilità quando utilizza i suoi strumenti con le persone. Perché può fare danni incalcolabili oppure alimentare false speranze. E qui mi fermo perché il discorso diventerebbe lungo e soprattutto il dibattito in merito è apertissimo.

Il libro va letto. Non solo perché Paolo Quagliarella è uno dei miei amati nipoti virtuali e si sa che io pratico un nepotismo sfrenato, ma soprattutto perché offre un sacco di spunti di riflessione anche agli astrologi ormai di lunghissimo corso come la sottoscritta.

Intanto Paolo riesce a mettere insieme in modo brillante il pensiero di Jung e la fisica quantistica, mostrando che, in un certo senso, sono facce di una stessa medaglia. E riesce a spiegare in modo chiaro i principi della fisica quantistica, tanto che li ho capiti persino io. Onore al merito.

Però. C'è sempre un però. O un ma. Il però, in questo caso, sta nel fatto che questo libro risponde ad alcuni interrogativi ma ne suggerisce anche molti altri che per il momento restano senza risposta. Come possiamo, infatti, usare consapevolmente i nostri strumenti con la certezza di che il risultato sia quello che vogliamo? Come possiamo sfruttare a nostro vantaggio il fatto che esista una Mente Universale che interagisce con noi?

Io non lo so. So però che sono molto contenta che ci siano giovani leve pronte a mettersi in gioco in Astrologia, con intelligenza e competenza perché sono il futuro di noi della vecchia guardia.

Forza, Paolo, avanti tutta!

Vidigulfo, 28 settembre 2015   Grazia Bordoni

Premessa e ringraziamenti

Questo libro non è un manuale di Astrologia, se qualcuno fosse alla ricerca di tecniche innovative, abracadabra, spiegazioni originali di metodi interpretativi (transiti, progressioni, interpretazione del tema natale), farebbe meglio a non leggerlo. Non è adatto a un pubblico che cerchi la ricetta pronta del vivere bene o le spiegazioni facili della *new age* fricchettona: fai così, applica questa tecnica e starai meglio. I concetti esposti nel libro sono semplici, seppure in alcuni passi, magari, non sia riuscito a renderli snelli come avrei voluto, ma tant'è.

Non voglio essere divulgativo per far breccia nel pubblico di massa e vendere, proporre quindi degli argomenti come se si stesse leggendo una favoletta, perché i contenuti, a mio avviso, non lo permettono e il lavoro sarebbe impoverito. Intendo, per esser chiari, raccontare dei punti di vista, delle teorie di altri cercando di tracciare o trovare un filo conduttore comune tra tutte.

Non sono un fisico, non sono uno psicologo, non ho la presunzione di avere competenze che non sono mie, ma ritengo, come tutti, di possedere della capacità d'interpretazione del lavoro di altri e analoghe capacità di contestualizzazione dei loro argomenti tramite i quali motivare un mio, personalissimo, punto di vista. Ho riletto, dunque, il pensiero di diversi scienziati e filosofi, cercando di forzarlo il meno possibile e declinarlo rispetto all'argomento che mi sta a cuore: un fondamento, il più universale possibile, per il pensiero astrologico, passando attraverso discipline diverse.

Per poter affrontare pienamente la comprensione del libro, invito i lettori a dotarsi delle opere citate, da dove ho raccolto diversi estratti, affinché abbiano modo di apprezzare le teorie dalla parola dagli Autori stessi o da commentatori più esperti di me nelle tali discipline. Io ho cercato di costruire un *puzzle* che li mettesse assieme e che fosse utile per il fine del mio libro, ovvero la dimostrazione del perché l'Astrologia funzioni.

Desidero ringraziare Grazia Bordoni, Enzo Barillà e Sandra Zagatti per lo scambio proficuo d'idee e il confronto avuto attraverso l'etere "internettiano". Analogamente sono lieto e desidero esprimere gratitudine verso due scienziati che hanno voluto rispondere alle mie domande di confine, il Dott. Patrizio Tressoldi e il Dott. Fabrizio Carminati.

Per ultima, ma non per importanza, ringrazio mia moglie Domizia Moramarco che si è fatta carico dell'editing del presente lavoro.

Introduzione

Mi sono avvicinato allo studio dell'Astrologia quando avevo 16 anni, sono nato nel 1973, e il mio punto di vista, come è giusto che sia, è mutato nel corso del tempo.

Inizialmente ritenevo che lo studio del tema natale, dei transiti, delle progressioni e delle rivoluzioni potessero condurre alla certezza della previsione, a prevedere cosa sarebbe accaduto a me e alle persone che mi chiedevano un consulto; devo dire che c'imbroccavo abbastanza bene, ma se l'Astrologia avesse funzionato davvero, avrebbe dovuto, nella mia testa, con certezza quasi scientifica, prevedere sempre in maniera corretta. Ciò non è mai accaduto, dunque qualcosa non andava o in me, magari ero troppo scarso come astrologo, o in effetti il futuro non poteva essere previsto. Ovviamente gli studi superiori mi hanno portato competenze in settori diversi umanistici e scientifici che hanno trasformato il mio punto di vista non solo sull'Astrologia.

Ho studiato l'Astrologia finanziaria, la relazione fra movimenti planetari e i prezzi dei mercati, delle borse, delle azioni, riscontrando, nella materia degli astri, strumenti e metodi utili per fornire indicazioni previsionali, non previsioni certe e verità. Ho approfondito la filosofia e la psicologia analitica di Jung cercando di comprendere la relazione che passa tra gli Archetipi, i Simboli, la Mitologia e l'Astrologia. Sono rimasto affascinato da questo mondo che mi ha arricchito, fornito nuovi approcci interpretativi facendomi mettere da parte la smania per la previsione degli eventi, portando alla luce una convinzione personale: l'uomo è libero, sceglie in libertà, modifica la realtà a proprio piacimento con le scelte che compie ogni giorno e che ha compiuto in passato, ma nello stesso tempo le scelte avvengono all'interno di un modello (il tema natale) che sembra essere statico e limitante ma non lo è, anzi è infinitamente flessibile e ci proietta nel mondo delle possibilità.

L'Astrologia afferma che passaggi planetari del passato che hanno trovato riscontro in eventi concreti, reali o psicologici (sono altrettanto reali anche loro), quando si ripetono in maniera analoga nel futuro, forniscono una possibile interpretazione di ciò che potrebbe accadere. Su questo posso convenire perché il tempo è un frattale che si ripete, corsi e ricorsi storici, scriveva G. B. Vico, ma ciò che possiamo davvero cogliere del futuro sono le possibili energie in gioco, i simboli, la forma non l'accadimento, comprendiamo l'archetipo, ma non la sua rappresentazione archetipica. Come scrive A. Barbault, possiamo immaginare il tempo che scorre con i cicli planetari in forma di spirale che si avvolge attorno all'asse perpendicolare che rappresenta il destino.[1]

Non dobbiamo dimenticare che, in qualche modo, l'azione è stata compiuta da noi nel passato, (perciò o quindi) restiamo comunque noi gli artefici. Ma l'azione compiuta è una scelta fra futuri possibili che cristallizzo nel momento in cui scelgo, quindi le mie azioni e le mie scelte sono proiettate nel futuro e influenzano analogamente il passato. E' un continuo oscillare fra passato e

---

[1] André Barbault, *Dalla Psicanalisi all'Astrologia*, Nuovi Orizzonti, Milano, 1988, p. 164, 165

futuro, e viceversa, quindi il presente esiste perché c'è l'uomo che osserva e agisce, definisce, riempie la forma.[2]

E' anche vero che alcune cose accadono indipendentemente dal nostro volere, ma sono quelle che riguardano la vita di altri. Se, ad esempio, un nostro caro viene a mancare, non possiamo di certo essere noi i colpevoli, ma se questo fatto ha un impatto emotivo, vorrà dire che avrà lasciato una traccia in un tempo (data dell'evento) ben definito, che diventerà un "dato" tramite il quale interpretare il tema natale del soggetto assieme ad altre tecniche (transiti, progressioni, ecc..), non di certo per prevedere altre morti, ma per comprendere quando gli astri, in qualche modo, formeranno figure analoghe nel futuro, fornendo così indicazioni rispetto agli archetipi che saranno attivi. Dunque gli eventi accadono anche indipendentemente da noi e dalle nostre scelte, ma sono per lo più quegli eventi per i quali noi non siamo artefici in alcun modo, volontariamente. Ci sono, invece, eventi dei quali noi siamo artefici. Quando pensiamo, abbiamo delle convinzioni rispetto al mondo; naturalmente e inconsapevolmente agiamo rispetto a queste convinzioni, di fatto costruiamo il nostro mondo a prescindere dal moto degli astri, ma non dobbiamo dimenticare che nasciamo in una forma (tema natale) specifica ed elastica dalle infinite possibilità di evoluzione. Nel momento in cui le nostre azioni diventano importanti, hanno un peso per noi e/o per gli altri (altri ci comunicano che hanno "subito" la nostra azione), allora è importante "fermare il tempo", per capire cosa ci sia che

---

2 Ervin Laszlo, *La scienza e il campo akashico*, Urra – Apogeo S.r.l., Milano, 2009

simbolicamente possa spiegare l'accadimento (transiti, progressioni, ecc...).

Potete star sicuri che qualcosa si troverà di certo perché l'uomo è fatto per "Interpretare". Charles Baudelaire scriveva: *"E' un tempio la Natura ove viventi pilastri a volte confuse parole mandano fuori; l' attraversa l'uomo tra foreste di simboli dagli occhi familiari."*[3] Questa traccia, scoperta, diventa una pietra miliare per poter declinare in futuro altre interpretazioni quando il movimento degli astri sarà identico o simbolicamente analogo.

Sinteticamente, ciò che desidero affermare è che il pensiero, e di conseguenza le azioni, nella realtà producono un effetto. Questo effetto diventa la base per un'eventuale interpretazione astrologica che porterà a fare congetture sul futuro del soggetto. Tutti i manuali astrologici (indipendentemente dalle scuole di appartenenza) sono frutto di "casi" studiati e interpretati attraverso la deduzione dalla realtà, ma della realtà di singoli individui diversi uno dall'altro, dunque, non "accumulabili" come statistiche. Si perde, spesso, il valore del simbolo che c'è dietro l'interpretazione per piegarlo alla realtà (si veda il capitolo relativo al costruttivismo). Secondo me è opportuno che si parta davvero dallo studio del singolo soggetto, dei suoi accadimenti, del suo vissuto, per essergli utile, per potergli imbastire un abito davvero su misura nel momento in cui chiede l'aiuto di un Astrologo, ma che analogamente può essere libero di rifiutare, poiché si tratta sempre di una nostra interpretazione.

---

3 Charles Baudelaire, *I fiori del male*, Feltrinelli, Milano, 1992, p. 17

Assodato che dal mio punto di vista l'Astrologia deve diventare uno strumento per motivare all'azione consapevole e non per subire "gli astri" o chi li interpreta, mi resta un grande interrogativo che, da sempre, mi ha spinto nella ricerca: **perché l'Astrologia funziona?**

Lo scopo del libro è cercare di rispondere a questa domanda.

Perché l'Astrologia funziona?

Ho cercato delle discipline che potessero fornirmi il perché l'Astrologia funzioni, a prescindere dai metodi interpretativi utilizzati e dalle scuole, alla fine mi sono imbattuto in tre branche del sapere: la Psicologia, la Fisica Quantistica e la Biologia, discipline che, di fatto, possono sintetizzare l'essenza dell'uomo fatta di Psiche (anima) e Materia (corpo). Come vedremo in seguito, i due componenti dell'uomo non sono scissi, ma due facce della stessa medaglia, anzi si può affermare siano la medesima cosa. Spesso gli astrologi si fanno guerra ritenendo che la propria scuola e le loro tecniche siano migliori di quelle degli altri, o addirittura che le altre scuole siano senza fondamento alcuno, che non abbiano motivi scientifico-razionali per esistere. Io, di fronte a questi comportamenti, mettevo in discussione l'Astrologia stessa e tutti i metodi e le scuole poiché, nella mia testa, se un sapere doveva essere universale e quindi utile a tutti, avrebbe dovuto essere unico e non generare livelli d'incertezza. Il mio modo di vedere istintivo e, orientato a una visione totalizzante dell'Astrologia e di tutte le sue "correnti" da un lato, è epistemologicamente corretto, perché ciò significava cercare un terreno fondante comune e sempre valido, dall'altro annullava però le differenze e le singolarità individuali degli altri approcci astrologici che, seguendo i loro postulati e le loro regole, avevano dignità e utilità di esistenza. Riflettendo e guardando al mondo in generale, scopriamo che nella vita di tutti i giorni c'è, com'è giusto che sia, eterogeneità, differenza, ma a un occhio attento non può sfuggire che esiste sempre e comunque qualcosa che tiene assieme tutti i punti di vista, seppure totalmente diversi, e ne permetta l'esistenza e il funzionamento. E' questo "qualcosa che tiene assieme" che ho cercato nel mio studio dell'Astrologia, il fondamento dell'esistenza e del suo funzionamento.

Desidero solo ricordare, senza dilungarmi nella spiegazione poiché non è interessante per l'obiettivo del libro, che l'Astrologia, come qualsiasi altra Arte o strumento di supporto all'essere umano, non deve mai essere condizionante rispetto al consultante, o spaventarlo in alcun modo.

Biologia

Come ho scritto in precedenza, l'uomo è costituito da una parte fisica (biologica – corporea) e da una parte intangibile (mente – psiche). Non ha senso citare tutti gli Autori che possono contribuire con il loro pensiero a perorare il mio punto vista, poiché non farei altro che ripetere con argomentazioni diverse gli stessi concetti. A mio avviso i due casi riportati sono più che sufficienti per fornire l'idea di come la realtà biologica possa essere interpretata anche con un altro punto di vista rispetto alla conoscenza comune.

Margenau, come c'inventeremmo la realtà

Henry Margenau, professore emerito di fisica e filosofia naturale presso l'Università di Yale, dopo aver portato avanti una carriera importante nel settore della fisica molecolare e nucleare, avviò una ricerca sui fondamenti filosofici della scienza naturale.

Per approfondire le teorie dell'Autore, consiglio la lettura di un suo libro: "Il miracolo dell'esistenza", ma per capire, per grandi linee, ciò di cui si parla, esiste un'ottima sintesi nel web[4].

Margenau afferma che: "*…Una visione del mondo che espande lontano il suo raggio d'azione ed è onnicomprensiva, contenendo tutte le visioni del mondo sussidiarie, utilitarie, quelle in cui continuiamo a entrare e uscire nella nostra vita quotidiana.*"

---

[4] http://www.impressionisoggettive.it/sintesi_il_miracolo_della_esiste.htm

"Margenau è certo che sia possibile parlare con il linguaggio del fisico a proposito dell'unità che abbraccia distanti livelli di natura grazie alle rivelazioni della scienza moderna. Per dimostrare di non essere il solo a nutrire questa convinzione, accenna alle intuizioni di due figure di primaria grandezza nella fisica moderna, Werner Heisenberg e David Bohm. Poco prima della sua morte, Heisenberg pubblicò un saggio contenente, l'ipotesi che certi concetti fondamentali, meccanicistici, di senso comune, come «composto» e «dotato di parti distinte e nominabili», possano essere privi di significato per le verità ultime a cui la fisica cerca di arrivare."[5]

E ancora: *"Questi grandi fisici suggeriscono che il concetto di totalità non si limita agli atomi. Se «pensare in termini di parti» è inappropriato al livello degli atomi, lo è anche al livello delle menti. E che cos'è la mente senza parti? E' la Mente Una o Mente Universale, il «Tao, Logos, Brahman, Atman, l'Assoluto, Mana, Spirito Santo, Weltgeist, o semplicemente Dio»"*[6]. Per Margenau, il fatto che noi percepiamo lo stesso mondo in modo unico è una prova dell'esistenza della Mente Universale che permea la nostra visione o, sarebbe meglio affermare, mette dei "confini di forma morbidi". Ma se ognuno di noi possiede cervelli diversi l'uno dall'altro, sarebbero ipotizzabili moltitudini di realtà percepite, pari al numero di persone esistenti sul pianeta, questo affermano gli

---

http://www.performancetrading.it/Documents/LaRealta/LaR_HenryMargenau.htm
[6] *Ibidem*

studi sulla percezione, invece non è così, vi è una similarità di fondo. *"Questo fatto è profondamente importante, afferma Margenau: dopo che noi introiettiamo stimoli, alla fine, essi vengono trascritti... [in una] realtà fisica, essenzialmente uguale per tutti... [Questa] unità del tutto se ricordiamo che la materia è una costruzione della mente implica l'universalità della mente stessa"*[7]. Margenau, nell'ottavo capitolo del suo libro "Il miracolo dell'esistenza", spiega che la mente e la coscienza possiedono delle proprietà e relazioni simili a quelle che avvengono in fisica quantistica, aggiungendo che il campo di probabilità di mente e conoscenza non dispongono di massa ed energia. Inoltre, come teoreticamente aveva anticipato lo scienziato, è stato dimostrato (si veda il capitolo sulla Fisica quantistica) che il cervello umano a livello biologico si comporta come una macchina quantistica, quindi mente e cervello sono in relazione con il mondo, ma la mente è fuori dall'organo, è comune a tutti.

Cosa si evince quindi? Che esiste un mondo ideale, un mondo dell'Archetipo Primo, contenente al proprio interno tutti gli Archetipi che diventeranno poi la realtà di ciascuno di noi, ovvero prima una rappresentazione archetipica, e infine una manifestazione reale. Io percepisco la realtà, così come la percepiscono anche gli altri, ma la coloro con le mie emozioni. Un tramonto sul mare può essere romantico per me, ma per un'altra persona può essere triste perché indica la fine della giornata o gli ricorda vissuti tristi. Il tramonto è il medesimo, è tenuto assieme

---

[7] *Ibidem*

dalla visione che ci offrono Margenau e anche le scienze neurologiche.

Rupert Sheldrake e i campi morfici

Rupert Sheldrake *"è un biologo e saggista britannico, noto soprattutto per la sua discussa teoria della "risonanza morfica", che implica un universo non meccanicistico, governato da leggi che sono esse stesse soggette a cambiamenti.*

L'idea che ogni specie, ogni membro di ogni specie, attinga alla memoria collettiva della specie, si sintonizzi con i membri passati della specie e a sua volta contribuisca all'ulteriore sviluppo della specie, comporta una sorta di "risonanza" fra gli individui e i gruppi della specie (per esempio i sottogruppi, razze, etnie, gens, famiglie, ecc., nel caso umano). Nel libro The Presence of the Past, Sheldrake avanza l'ipotesi che i "campi ricordi" non siano effettivamente memorizzati nel cervello, ma piuttosto che possano essere memorizzati in un campo di informazioni al quale si può accedere mediante il cervello. Se questo fosse dimostrato, ciò avvalorerebbe la tesi che la coscienza umana, i nostri ricordi personali e il nostro senso dell'io possano sopravvivere alla morte biologica. Di particolare importanza, nella teoria di Sheldrake, è il concetto di risonanza morfica. Ogni insieme complesso ed organizzato di attività di un individuo (animale superiore o uomo), che comprende anche sogni, esperienze mistiche nell'uomo, stati alterati della coscienza ed altro, possiede una sua struttura: questi stati mentali e queste attività possono essere trasferiti da un individuo all'altro, proprio grazie al meccanismo di risonanza morfica. Il meccanismo di risonanza morfica assicurerebbe, in un modo che Sheldrake ha contribuito ad analizzare negli ultimi trent'anni di ricerca, la capacità di condivisione delle "abitudini" che gli organismi (virus compresi) acquisiscono nel processo evolutivo: queste "abitudini" sembrano "risuonare" all'interno della specie. Esse creano la possibilità di una nuova acquisizione come, per esempio, una nuova capacità di resistenza in un virus, un nuovo apprendimento collettivo, ma separato nello spazio e condiviso da una determinata specie (come negli esperimenti sull'apprendimento di sequenze nei ratti) o come la capacità di certe molecole di assumere configurazioni di struttura quaternaria che sono estremamente improbabili tra le migliaia possibili: esse, sorprendentemente, vengono puntualmente assunte in ogni situazione identica in spazi diversi e lontani e risultano perfettamente inserite ed adattive per il progetto di costruzione di quella determinata proteina.

Secondo la teoria di Sheldrake, se un certo numero di persone sviluppa alcune proprietà comportamentali o psicologiche od organiche, queste vengono automaticamente acquisite dagli altri membri della stessa specie. Così, se una buona parte dell'umanità raggiunge un certo livello di consapevolezza spirituale, questa stessa consapevolezza si estenderebbe per risonanza morfica ad altri gruppi, coinvolgendo quindi l'intero sistema (questo numero di persone o comunque di individui appartenenti ad ogni altra specie in cui si verificherebbe un analogo fenomeno è chiamato massa critica). Ogni trasformazione individuale comporta una modificazione del sistema e chi si trova all'interno di questo sistema viene inevitabilmente coinvolto. Cominciamo quindi a *trasformare noi stessi. Questo è il massimo che possiamo fare. La trasformazione personale è l'arma più potente che si possa usare per modificare l'umanità e l'intero pianeta. Questa esemplificazione discende dalla controversa teoria della "causalità formativa" di Sheldrake, che ovviamente implica un universo non meccanicistico e governato da leggi che sono esse stesse soggette a cambiamenti.*"[8]

Sheldrake afferma: *"Io propongo una visione di Cause Formative, propongo che la Memoria sia inerente alla Natura e che la maggior parte delle così dette leggi della natura siano in realtà soltanto delle abitudini..."*. Le leggi di natura si evolvono, così come si evolve il mondo. Le leggi sono delle generalizzazioni colte dall'uomo nell'analisi della natura, di conseguenza devono evolversi anche loro così come si evolvono gli uomini. Nel libro "Le illusioni della scienza"[9], Sheldrake dimostra come la gravità e la velocità della luce, seppure definite costanti in effetti, stando alle misurazioni di laboratorio, non lo siano. L'Autore fa sua l'idea di A. N. Whitehead, il quale afferma che non esistano leggi di natura, ma solo temporanee abitudini di natura.

L'ipotesi della risonanza morfica propone i seguenti fatti:
"
1. *Gli organismi come molecole, cellule, tessuti, organi, organismi, società e menti sono costituite da gerarchie ricorsive o unità morfiche. A ciascun livello il tutto è più*

---

[8] *https://it.wikipedia.org/wiki/Rupert_Sheldrake*
[9] *Le illusioni della scienza, Rupert Sheldrake, Urra – Apogeo S.r.l., 2013, Milano*

della somma delle parti e queste parti a loro volta sono interi costituiti da parti.

2. L'interezza di ciascun livello dipende da un campo organizzativo, un campo morfico. Questo campo è all'interno e intorno al sistema che organizza ed è uno schema vibratorio di attività che interagisce con i campi elettromagnetici e quantistici del sistema. Il nome generico di "campo morfico" comprende i seguenti campi.

- Campi morfogenetici che danno forma allo sviluppo di piante e animali.

- Campi comportamentali e percettivi, che organizzano i movimenti, gli schemi di azione costanti e gli istinti degli animali.

- Campi sociali, che collegano e coordinano il comportamento di gruppi sociali.

- Campi mentali, che stanno alla base di attività mentali e danno forma alle abitudini della mente.

3. I campi morfici contengono attrattori (obiettivi) e creodi (cammini abituali verso gli obiettivi) che guidano un sistema verso il suo stato finale e ne conservano l'integrità, rendendolo stabile di fronte ai tentativi di disgregazione.

4. I campi morfici sono formati da risonanza morfica proveniente da tutti i sistemi simili del passato e perciò contengono una memoria collettiva cumulativa. La risonanza morfica dipende dalla somiglianza e non si

attenua perciò con la distanza nello spazio o nel tempo. I campi morfici sono locali, all'interno e intorno ai sistemi che organizzano, ma la risonanza morfica è non locale.

5. *La risonanza morfica comporta un trasferimento di forma, ovvero in-form-azione, anziché un trasferimento di energia.*

6. *I campi morfici sono campi di probabilità, come quelli quantistici, e operano imponendo schemi e eventi altrimenti casuali nei sistemi che ricadono sotto la loro influenza.*

7. *Tutti i sistemi ad auto-organizzazione sono influenzati dall'auto risonanza proveniente dal loro passato, che ha un ruolo essenziale nel mantenere l'identità e la continuità di un olone."*[10]

Ma come funziona la risonanza morfica, per la precisione il passaggio d'informazione, per esempio dal passato della mia specie al presente? Un'ipotesi potrebbe essere utilizzare la teoria proposta da David Bohm[11] su ordine implicito e ordine esplicito. L'ordine implicito permette la manifestazione del mondo che appare ai nostri sensi, in cui gli oggetti sono nello spazio e nel tempo, nell'ordine implicito tutto è racchiuso in tutto. Sono state proposte anche altre interpretazioni teoriche per rispondere a questa domanda, ma ciò che importa all'Autore è comunque che il suo modello funzioni e che alcune prove sperimentali siano spiegabili

---

[10] *Ibidem, pagg. 73-74*
[11] Massimo Teodorani, *Bohm - La Fisica dell'Infinito*, Macro Edizioni, Forlì, 2006

attraverso la sua teoria. Allo stesso tempo i campi morfici sono, come vedremo più avanti, molto vicini agli Archetipi junghiani e alla spiegazione fornita dalla meccanica quantistica sulla loro possibilità di esistenza.

Un'altra domanda che si pone Sheldrake è cosa sia la coscienza umana. E' anch'essa un campo morfico che risuona con le coscienze dei nostri antenati e la coscienza di tutti. Io oserei dire che ogni coscienza è parte dell'inconscio collettivo o, almeno, attinge a esso.

Sheldrake cita gli esperimenti di Benjamin Libet[12], scienziato pioniere nello studio della coscienza umana che ha scoperto, attraverso alcuni test con soggetti cui era monitorata l'attività celebrale tramite EEG, come prima dell'intenzione del compiere un'azione semplice, muovere un dito o premere un tasto, nel cervello a livello elettrico iniziasse un'attività correlata con quella che sarà l'intenzione del premere per poi giungere all'azione. E' come se ci fosse un "presentimento" dell'azione prima del suo sorgere, poi la coscienza che si sta per compiere e, infine, si compie l'azione stessa. Una possibile lettura delle conseguenze di questa scoperta è che il libero arbitrio non esista perché il cervello ci spinge a compiere un'azione prima che noi si sia consapevoli che si faccia. Ma se davvero fosse così, allora avremmo un destino che non dipende da noi. Libet interpreta la differenza di tempo fra gli impulsi elettrici correlati con l'intenzione di compiere l'azione, e la coscienza dell'intenzione come la possibilità che è offerta all'uomo di poter porre un veto al proprio destino. In sintesi, il risultato dei

---

[12] *https://en.wikipedia.org/wiki/Benjamin_Libettogliere*

suoi esperimenti si può esprimere con: *"L'anticipo sistematico dell'attività cerebrale rispetto a una decisione assunta in un momento liberamente scelto dal soggetto fu considerata la prova del fatto che il cervello decide di compiere il movimento prima che il soggetto decida consapevolmente di effettuare il movimento."*[13] John Dylan Haynes ha rivisitato l'esperimento di Libet utilizzando la risonanza magnetica funzionale anziché l'EEG. *"Le ricerche effettuate da Haynes e colleghi si propongono di ovviare ad alcuni limiti degli esperimenti di Libet. Tali ricerche utilizzavano la risonanza magnetica funzionale (fMRI), una tecnica che misura i cambiamenti del livello di ossigenazione del sangue, strettamente connesso all'attività neuronale; venivano prese in esame diverse aree cerebrali contemporaneamente, elaborando l'informazione raccolta mediate opportuni algoritmo. Ai soggetti si richiedeva di pigiare a loro scelta uno tra due pulsanti, mentre si trovavano all'interno di una apparecchiatura per la FMRI, osservando nello stesso tempo uno schermo sul quale, a intervalli regolari, venivano proiettate delle lettere. Ciò consentiva di determinare con precisione l'istante in cui i soggetti erano divenuti coscienti della loro decisione.*

I risultati ottenuti con questi esperimenti si pongono ben al di là di quelli di Libet. Haynes e collaboratori, non solo sono riusciti a dimostrare che l'attivazione di una specifica regione cerebrale, la corteccia frontopolare (area BA 10), avviene con almeno 7 secondi prima della decisione del soggetto, ma anche che, analizzando congiuntamente la distribuzione dei segnali nervosi

---

[13] *http://www.ildiogene.it/EncyPages/Ency=Haynes.html*

nelle diverse aree, è possibile prevedere, entro certi limiti, se il soggetto premerà un pulsante o l'altro. Le intenzioni non risiedono nei singoli neuroni, ma vengono codificate in schemi di attività distribuiti nello spazio. Questo rende la previsione un po' problematica, perché bisogna conoscere in anticipo il pattern sviluppato da ogni singolo pensiero per poter "leggere" la mente, soprattutto nella considerazione che ogni persona ha un suo pattern caratteristico.

In ogni caso, la scoperta, con profonde implicazioni sul problema della libertà umana, sembra indicare che il cervello sembra aver deciso sia quando dar luogo all'azione, sia che cosa fare, prima che il soggetto divenga consapevole di volere."[14]

L'accuratezza della previsione attraverso gli schemi di Haynes si è assestata al 60%. Per un'attenta analisi e interpretazione scientifica di quanto descritto vi rimando all'approfondimento degli studi originali presenti nelle note[15].

Quello che è importante, per gli scopi di questo libro, è notare una possibile correlazione con l'Astrologia, che ammette siamo, in qualche modo, condizionati dalla forma disegnata dagli astri alla nascita, ma con le nostre azioni abbiamo la possibilità di porre il veto. In senso traslato, ma neanche tanto, i transiti potrebbero essere gli impulsi elettrici che possiamo conoscere in anticipo e ci permetterebbero di scegliere in modo maggiormente consapevole. Che cosa sia la mente/coscienza per Sheldrake è riassunto in una risposta fornita durante un'intervista: *"Quello che invece sto*

---

[14] *http://www.ildiogene.it/EncyPages/Ency=Haynes.html*
[15] *https://en.wikipedia.org/wiki/Benjamin_Libet#cite_note-6*

suggerendo, è che la mente sia composta da campi che compenetrano il cervello e si estendono oltre esso, proprio come quanto accade nei magneti, o come accade nella terra. Non suggerisco quindi che si tratti di non località, altrimenti non sarebbe da nessuna parte e ricadremmo nel dualismo cartesiano. La mente è centrata nel cervello ma si estende ben oltre questo."[16]

---

[16] *Scienza e Conoscenza nr. 27 - 2009, Macro Edizioni*

E quindi?

Come abbiamo visto, alcuni scienziati che hanno approfondito il problema della conoscenza del mondo passando attraverso la biologia si sono ritrovati, loro malgrado, a ipotizzare una mente fuori dalla materia, fuori dal cervello fisico, ma in qualche modo prodotta in esso o comunque in relazione. Hanno cercato gli elementi costitutivi di questa mente universale e sono ricaduti, seppure con qualche differenza, nella visione junghiana d'inconscio collettivo, archetipi. La visione di Platone e del suo mondo delle idee tiene ancora banco.

Sono numerosi gli esperimenti scientifici citati da Sheldrake nei suoi libri con i relativi riferimenti bibliografici in cui si evidenzia come la teoria dei campi morfici risponda bene e offra spiegazioni ad accadimenti altrimenti inspiegabili dalla scienza attuale. I casi dell'*Oak School*, dei topi e dei vermi di Ison che saranno trattati nel capitolo successivo, sono assolutamente interpretabili grazie alla sua teoria. E se i pianeti, i segni, l'intero complesso astrologico fossero essi stessi dei campi mentali, e per risonanza fossero in relazione con noi? La teoria di Sheldrake può essere applicata a qualsiasi fenomeno umano. Inoltre per l'Astrologia ci sarebbe come attrattore, come scopo ultimo, il fatto di migliorare la vita degli uomini, di essere di aiuto e di supporto, questo è uno dei motivi per i quali non è mai stata dimenticata dall'uomo, l'umanità ne sente il bisogno e l'Arte astrologica risponde con il suo linguaggio.

Motivazioni psicologiche

In questo capitolo cerco di utilizzare alcuni elementi o studi mutuati dalla ricerca psicologica, dal comportamento e dal linguaggio. Non sono uno psicologo, né intendo esserlo, ma non sono riuscito a trovare un titolo che possa spiegare meglio quello che intendo affermare. Avrei potuto scrivere l'effetto placebo dell'Astrologia, ma non sarebbe stato completamente vero. Nella definizione che ho fornito, forse stereotipata o da luogo comune, ritengo però venga fuori il senso che desidero dare alle spiegazioni seguenti.

Effetto Barnum - Forer

Ci possono essere diversi motivi per cui l'Astrologia funzioni, tra questi vi è sicuramente il modo di comunicare tra gli uomini. Non bisogna dimenticare che durante una sessione di analisi di un tema natale ci sono due soggetti: l'astrologo e il consultante che discutono attraverso un medium, che è il tema natale stesso. Ma come avviene questa comunicazione? I simboli astrologici sono talmente sfuggenti e possono essere interpretati in modi diversi. Nel momento in cui si comunica, alla luce dell'esperienza del soggetto, del suo racconto e della relazione che nasce con l'astrologo, è facile accada quanto descritto dallo psicologo Paul Meehl e Bertram R. Forer, ovvero il fatto che l'interpretazione astrologica abbia senso per il consultante grazie all'effetto Barnum descritto anche nel libro di S. Fuso: [17]

"Ci siamo dilungati sulla biografia di Phineas Taylor Barnum perché la filosofia che animava la sua attività imprenditoriale è utile per comprendere per quale motivo molta gente dia credito ad astrologi e operatori dell'occulto in genere. [...] I suoi spettacoli (circensi, N.d.A.) infatti contenevano numeri talmente assortiti da riuscire ad accontentare tutti gli spettatori, ciascuno dei quali vi trovava qualcosa di suo gradimento. Nel 1950 lo psicologo Paul Meehl coniò l'espressione "Effetto Barnum". Con tale espressione Meehl voleva indicare che nelle convenzionali descrizioni della personalità utilizzate dai suoi colleghi psicologi poteva esservi il rischio che qualunque soggetto vi si riconoscesse, trovando necessariamente qualcosa che corrispondeva alle proprie caratteristiche. Proprio come succedeva negli spettacoli del grande Barnum. Il tal modo Meehl voleva mettere in guardia i suoi colleghi dall'attribuire una validità acritica alle misure convenzionali della personalità, troppo vaghe e generiche, secondo lui, per essere significative. Chi prese in seria considerazione l'ammonimento di Meehl fu un altro psicologo dell'Università della California, Bertram R. Forer.

Nel 1948 Forer teneva una serie di lezioni introduttive a una quarantina di studenti del primo anno del corso di laurea in psicologia. Aveva appena illustrato agli studenti il "Diagnostic Interest Blank", un questionario standardizzato da lui stesso sviluppato per cercare di descrivere in maniera sintetica e oggettiva la personalità di un soggetto. Per far comprendere

---

[17] Fuso S., Torre I, *Strategie dell'occulto. Come far apparire vere cose palesemente false*, Armando Editore pag. 26-29

meglio i criteri seguiti, Forer sottopose gli stessi studenti alla compilazione del questionario. Disse quindi loro che, in base ai risultati ottenuti, avrebbe tracciato un breve profilo caratteristico di ciascuno. Dopo qualche giorno Forer consegnò a ogni studente una busta chiusa contenente un profilo ca-ratteriale, sintetizzato in tredici punti e chiese loro di esprimere, con un punteggio da zero a cinque, quanto accurata fosse stata la de-scrizione. Quasi tutti gli studenti fornirono un punteggio molto elevato, quattro o cinque (il punteggio medio risultò essere 4.2), mentre nessuno aveva attribuito valutazione zero o uno. Forer non rimase affatto sorpreso dai risultati: erano proprio quelli che si aspettava. La sicurezza di Forer deriva dal fatto di aver barato, seppure a fin di bene. I profili caratteristici su ciascun studente erano in realtà tutti uguali. Ecco la traduzione dei tredici punti dall'originale:

1. Hai molto bisogno che gli altri ti apprezzino e ti stimino.

2. Hai una tendenza ad essere critico nei confronti di te stesso.

3. Hai molte capacità inutilizzate che non hai volto a tuo vantaggio.

4. Pur avendo alcune debolezze nel carattere, sei generalmente in grado di porvi rimedio.

5. Il tuo equilibrio sessuale è stato in qualche modo problematico.

6. Disciplinato e controllato all'esterno, tendi ad essere preoccupato e insicuro dentro di te.

7. A volte dubiti seriamente di aver preso la giusta decisione o di aver fatto la cosa giusta.

8. *Preferisci una certa dose di cambiamento e varietà e ti senti insoddisfatto se obbligato a restrizioni e limitazioni.*
9. *Ti vanti di essere indipendente nelle tue idee e di non accettare le opinioni degli altri senza una prova che ti soddisfi.*
10. *Hai scoperto che è imprudente essere troppo sinceri nel rivelarsi agli altri.*
11. *A volte sei estroverso, affabile, socievole, mentre altre volte te sei introverso, diffidente e riservato.*
12. *Alcune delle tue aspirazioni tendono a essere davvero irrealistiche.*
13. *La sicurezza è uno degli obiettivi principali nella tua vita.*

Al pari di Barnum, Forer aveva inserito nel profilo consegnato agli studenti "qualcosa per ciascuno": un po' di tutto in modo che, inevitabilmente, chiunque trovasse caratteristiche che si adattavano perfettamente al proprio carattere.

L'effetto Barnum può sicuramente spiegare perché molta gente ritenga che i responsi forniti da astrologi e veggenti siano molto accurati e si convinca della validità delle varie forme di divinazione. È interessante osservare che Forer, in una nota a pie' di pagina dell'articolo dove illustra il suo "esperimento", sottolinea come le frasi da lui usate per compilare il "profilo universale" fossero prese da un libretto di Astrologia acquistato in edicola! Inoltre a favore degli operatori dell'occulto giocano altri fattori.

Strettamente imparentata con l'effetto Barnum è la genericità delle affermazioni che caratterizza molti responsi divinatori. La vaghezza di certe previsioni fa sì che moltissimi avvenimenti *successivamente accaduti possano adattarsi alla previsione. Se un veggente prevede che nel corso dell'anno morirà un importante uomo politico, è praticamente sicuro di azzeccare la propria previsione. Vista l'età media dei politici italiani e il loro numero elevato, vi è praticamente piena certezza che nel corso di un anno qualcuno di essi passi a miglior vita. Un caso significativo era capitato qualche anno fa a una studentessa di circa quindici anni che si era rivolta a una chiromante in una fiera di paese. La chiromante, dopo un'attenta lettura della sua mano, aveva emesso il suo responso: «Hai problemi sentimentali e qualcuno della tua famiglia ha problemi di salute». Qual è la ragazza di quindici anni che non ha problemi sentimentali e che non ha qualche parente (magari lontano) con qualche problema di salute (magari un semplice raffreddore)? Fare simili "previsioni" significa avere il 100% di probabilità di indovinare.*

Abbiamo già accennato al fatto che coloro che credono nell'Astrologia e nelle altre arti divinatorie raramente si preoccupano di fare controlli e verifiche. Di conseguenza la maggior parte dei responsi non azzeccati vengono rapidamente dimenticati o del tutto ignorati. Al contrario, quando i responsi colpiscono (o sembrano colpire) nel segno, la nostra mente enfatizza moltissimo la corrispondenza tra previsione e realtà osservata e la nostra memoria fissa in modo indelebile il ricordo di tale successo."

Le affermazioni e le teorie esposte nel libro sono senza dubbio valide: a quale astrologo non è mai capitato, seppure inconsapevolmente, di usare frasi così costruite? E' normale che ciò accada. L'interpretazione di un tema natale non è meccanicistica o, almeno, non dovrebbe esserlo. Ad esempio l'affermazione "hai Marte in Ariete e sei impulsivo" non aggiunge o toglie altro al consultante, non è di supporto. La lettura del tema è davvero un'operazione articolata e complessa poiché deve cercare di mettere assieme l'intera trama dello stesso: ciascun pianeta è un personaggio, ciascun segno è energia vibrante e ciascuna casa un elemento della vita reale. Il significato degli elementi che compongono la carta di nascita e la loro relazione apre infiniti mondi interpretativi che devono poi essere declinati attraverso le esperienze reali del consultante. Può capitare che nel flusso di pensieri e discorsi si facciano affermazioni come quelle elencate. Fatta salva la parte in cui gli Autori parlano delle previsioni, che non condivido assolutamente, per il resto non posso che essere d'accordo con loro; ma il vero astrologo, se utilizza il tipo di linguaggio descritto, e lo fa inconsapevolmente, a mio avviso deve essere perdonato alla luce delle motivazioni addotte. Ma non è tanto il perdono per l'astrologo che cerco, quanto il fatto che le persone comprendano che per alcuni l'Astrologia è utile anche e, soprattutto, con l'effetto Barnum-Forer o Topolino-Pluto, è di supporto, ti fa star meglio.

La Dissonanza cognitiva e il Costruttivismo

"*La dissonanza cognitiva è un concetto introdotto da Leon Festinger nel 1957 in psicologia sociale, e ripreso successivamente in ambito clinico da Milton Erickson, per descrivere la situazione di complessa elaborazione cognitiva in cui credenze, nozioni, opinioni esplicitate contemporaneamente nel soggetto in relazione ad un tema si trovano a contrastare funzionalmente tra loro; [...] Un individuo che attiva due idee o comportamenti che sono tra loro coerenti, si trova in una situazione emotiva soddisfacente (consonanza cognitiva); al contrario, si verrà a trovare in difficoltà discriminatoria ed elaborativa se le due rappresentazioni sono tra loro contrapposte o divergenti. Questa incoerenza produce appunto una dissonanza cognitiva, che l'individuo cerca automaticamente di eliminare o ridurre.*"[18]

L'uomo, di fronte a una realtà che trova non in armonia con se stesso e il proprio agire, cerca delle soluzioni mentali, delle spiegazioni che lo riportino alla coerenza comunicativa, emotiva, personale. L'uomo costruisce la propria realtà.

Nei primi anni '60 Alex Bavelais ha condotto degli esperimenti che meglio di mille parole spiegano quanto ho appena cercato di esporre. Queste sperimentazioni prevedevano di prendere due soggetti, definiamoli con A e B, e di proporre al primo, A, una serie numerica chiedendogli di trovare secondo quale regola potesse essere stata composta. Per ogni risposta corretta, una lampadina s'illuminava e A aveva modo di vederla. A e B non

---

18 https://it.wikipedia.org/wiki/Dissonanza_cognitiva

potevano comunicare tra loro. Nel caso di B, la lampadina si accendeva secondo la logica delle risposte date da A. Se, ad esempio, alla domanda 5, A aveva risposto correttamente, qualsiasi risposta avesse dato B alla medesima domanda, la lampadina si sarebbe accesa. Al termine dell'esperimento, quando si chiedevano, alla presenza di A e B, le regole secondo le quali la serie numerica fosse stata ordinata, il soggetto A le spiegava in modo semplice e in pochi punti risultava più articolato, mentre il soggetto B, si era costruito una visione articolatissima e complessa per spiegare le "sue regole". La cosa fantastica è che B non credeva completamente alla spiegazione di A, seppure molto più semplice della sua, ma prendeva parte delle sue regole per integrarle nella propria; inoltre, la cosa più sconvolgente è che anche A faceva la stessa cosa con la teoria di B. Quando Bavelais chiedeva ad A perché avesse cambiato le proprie regole, il soggetto rispondeva che la sua teoria era troppo semplice e poco articolata.

Un altro esperimento descritto da Paul Watzlawick[19] è il seguente: un soggetto, posto di fronte a una coppia di numeri, avrebbe dovuto verificare se i medesimi fossero in accordo tra loro. Il soggetto riteneva di scoprire in base alle prove effettuate le regole del gioco. Le risposte giuste e sbagliate, in verità, erano preordinate dallo sperimentatore secondo un ordine che prevedeva un maggior numero di risposte corrette all'aumentare delle domande, affinché il soggetto, con il trascorrere del tempo, si sentisse pian piano più sicuro della validità della sua teoria come se le stesse apprendendo, scoprendo un passo alla volta. Quando ai

---

19 Paul Watzlawick, *La realtà inventata*, Feltrinelli Editore, 2006 Milano

partecipanti all'esperimento era fornita la spiegazione del gioco, alcuni fra loro non volevano abbandonare la propria teoria poiché, a loro avviso, vi era una regolarità nascosta agli occhi dello sperimentatore.

L'esperimento sembra dimostrare che "*una volta giunti a una soluzione per il successo della quale abbiamo pagato un prezzo piuttosto caro in termini di angoscia e aspettative, investiamo così tanto in questa soluzione che preferiremmo deformare la realtà per adattarla alla nostra soluzione piuttosto che sacrificare la soluzione a favore di quanto non può essere ragionevolmente ignorato.*"[20]

Alla luce di quanto esposto, possiamo dire che l'Astrologia è un linguaggio creato dall'uomo per spiegare le regole nascoste che esistono fra soggetto e natura, fra microcosmo e macrocosmo, giacché il linguaggio astrologico riduce le dissonanze cognitive fra mondo e realtà che l'uomo si costruisce. L'Astrologia permette il controllo e l'adattamento delle proprie credenze, del proprio volere al mondo esterno. Nello stesso tempo, durante un consulto astrologico, l'Astrologia, se ritenuta valida, veritiera, fonte di utilità dal consultante, può modificare la visione del mondo del soggetto, e indirizzarla. Qui sta una delle grandi responsabilità dell'Astrologo. Se immaginiamo la realtà come una serratura da aprire che di conseguenza ha una chiave, affermiamo che la chiave è adatta al compito allo stesso modo in cui l'Astrologia è adatta a descrivere mondi diversi. Noi sappiamo, però, che gli scassinatori

---

[20] Paul Watzlawick, *La realtà della realtà*, Astrolabio, 1976 Roma, p. 57

possiedono diverse chiavi per aprire quella serratura, ebbene anche l'Astrologo ne possiede numerose, tante quante sono le interpretazioni possibili di un determinato cielo.

Parafrasando Ernst von Glasersfeld[21], l'Astrologia come teoria di una diversa conoscenza del mondo e delle sue regole è utilizzabile, importante, vitale, se resiste al mondo dell'esperienza, ne esce vincitrice, e ci abilita a fare predizioni e a provocare o a evitare certi fenomeni (fatti o esperienze). Se non adempie questo compito, diventa discutibile, poco attendibile, inutilizzabile. In queste ultime affermazioni troviamo due risposte ad altrettante domande: perché l'Astrologia funziona e in che modo debba essere utile.

Se quanto appena espresso non bastasse a farci rendere conto di quanto noi siamo artefici del nostro mondo e di come l'Astrologia possa entrare a far parte di esso, assieme anche ad altre discipline che possano essere utili, vi riporto altri esempi che fanno certamente riflettere. Paul Watzlawick racconta, in un capitolo del suo libro, delle profezie che si autodeterminano. Siamo abituati a pensare che il presente, le azioni che compiamo oggi, abbiano un ruolo negli accadimenti futuri e non il contrario, così come prevede la legge di causa effetto e invece, in alcuni casi, è vero il contrario, ovvero che il futuro condiziona il presente.

"Una profezia che si autodetermina è una supposizione o profezia che per il solo fatto di essere stata pronunciata, fa realizzare l'avvenimento presunto, aspettato o predetto, confermando in tal modo la propria "veridicità" Chi per esempio

---

[21] Paul Watzlawick, *La realtà inventata*, Feltrinelli Editore, 2006 Milano, pag. 20

suppone - per un qualsiasi motivo di essere disprezzato, assumerà nei confronti degli altri un comportamento permaloso, scostante e diffidente che finirà per suscitare proprio quel disprezzo che a sua volta diventerà la "prova" della fondatezza della sua convinzione. Per quanto questo meccanismo possa essere comune, alla sua base si trovano alcuni fatti che non fanno realmente parte del nostro pensiero quotidiano e che sono di grande importanza per la nostra immagine della realtà.

Nel pensiero causale tradizionale l'avvenimento B viene visto per lo più come l'effetto di un avvenimento causale precedente a esso (A) (che naturalmente avrà avuto le sue proprie cause esattamente come il verificarsi di B avrà a sua volta come conseguenza altri fatti). Nella sequenza A-B, A è perciò la causa e B l'effetto. La causalità è lineare e B segue A in successione temporale. In questo modello di causalità B non può quindi avere un effetto su A poiché questo implicherebbe un'inversione temporale: significherebbe cioè che il presente (B) avrebbe in questo caso un effetto retroattivo sul passato (A). L'esempio seguente propone una situazione diversa: quando nel marzo 1979 i giornali californiani cominciarono a pubblicare servizi sensazionali su un'imminente e drastica riduzione nell'erogazione di benzina, gli automobilisti californiani diedero l'assalto alle pompe per riempire i loro serbatoi e tenerli possibilmente sempre pieni. Fare il pieno di 12 milioni di serbatoi (che fino a quel momento erano mediamente solo a un quarto del livello) esaurì le enormi riserve disponibili, provocando praticamente da un giorno all'altro la scarsità predetta; mentre l'ansia di tenere i serbatoi quanto più pieni possibile (invece di riempirli soltanto quando erano quasi vuotl) creò code interminabili di macchine e lunghissimi tempi di attesa ai distributori aumentando il panico. Quando tornò la calma si venne a sapere che l'erogazione di benzina nello Stato della California era stata ridotta solo di poco. In questo caso il pensiero causale tradizionale non funziona. La scarsità non si sarebbe mai verificata se i mass media non l'avessero predetta. In altre parole, un avvenimento non ancora verificatosi (quindi futuro) ha prodotto effetti nel presente (l'assalto alle pompe di benzina) che a loro volta hanno fatto sì che quell'avvenimento divenisse realtà. In questa circostanza è quindi stato Il futuro - e non il passato – a determinare il presente" [22]

Watzlawick aggiunge, inoltre, che: *"L'esperienza di ogni giorno c'insegna che solo poche profezie si autodeterminano, e gli esempi dati ne possono spiegare il motivo. Solo quando una profezia viene creduta, cioè quando viene vista nel futuro come un fatto per così dire già avvenuto, può avere effetti concreti sul presente e con ciò autodeterminarsi. Laddove manca l'elemento della fede o della convinzione, manca anche l'effetto."* [23]

Karl Popper rileva che: *"Anche nella biologia, addirittura nella biologia molecolare, le aspettative hanno un ruolo importante: contribuiscono a far apparire le cose."*

Ancor di più l'Astrologia deve essere utilizzata responsabilmente proprio perché il consultante, avendo nella maggior parte dei casi un atteggiamento fideistico nei confronti

---

[22] *Ibidem*, pagg. 87-88
[23] *Ibidem*, pagg. 90-91.

della stessa, può davvero subirla e vedere modificato il proprio presente e di conseguenza anche il proprio futuro.

Sulla potenza dell'uomo rispetto al mondo e ciò che può creare, si esprimono certamente meglio di me tre scienziati[24].

Einstein, durante una conversazione con Heisenberg, afferma: *"E' impossibile accogliere in una teoria solo grandezze osservabili. E' piuttosto la teoria che decide che cosa si possa osservare"*, lo stesso Heisenberg nel 1959 scrive: *"[...] e dobbiamo ricordare che ciò che noi osserviamo non è la natura in sé, ma la natura esposta al modo in cui noi poniamo le domande"*. Feyerabend è ancora più rivoluzionario e radicale: *"Non sono le ipotesi conservatrici, ma quelle anticipatrici che guidano la ricerca"*.

Le domande sono quelle che ci permettono di vedere la realtà in un certo modo; ponendo la domanda giusta otteniamo la realtà strettamente correlata con la medesima. Per cambiare il nostro mondo o quello del consultante è importante che quest'ultimo formuli la domanda corretta all'Astrologo che interpreta il cielo di nascita, alla stessa maniera quest'ultimo dovrà rispondere con accuratezza e attenzione, come ho espresso in precedenza. Tra i personaggi letterari che hanno in qualche modo pagato lo scotto di non aver posto "la domanda", troviamo Perceval nel racconto di Chrétien de Troyes [25.]

"Il protagonista di quest'opera è Perceval, presentato in qualità di figlio della vedova. Il padre e i fratelli di Perceval sono

---

[24] *Ivi*, pag. 92
[25] https://it.wikipedia.org/wiki/Perceval_o_il_racconto_del_Graal

morti in guerra, e per non rischiare di perdere l'unico figlio rimasto, la madre decide di tenerlo lontano dal mestiere della cavalleria.

Un giorno egli, cresciuto in semplicità di spirito e purezza di cuore, incontra alcuni cavalieri e, affascinato dallo splendore delle loro armi, decide di raggiungere la corte di re Artù. Lasciata la madre, Perceval, vestito da boscaiolo, raggiunge la corte del leggendario sovrano. Qui, messosi in luce per coraggio e virtù, viene nominato cavaliere da re Artù prima, e successivamente dal signore Gornemant. La nipote di costui, Biancofiore, se ne innamora, ma Perceval, pur ricambiando, decide di ripartire, perché desideroso di rivedere sua madre e accertarsi che stia bene. Per inseguire il sogno di diventare cavaliere l'aveva infatti lasciata svenuta al di là di un ponte. Scoprirà invece che, nel vederlo partire, era rimasta uccisa dal dolore. Iniziano così le nuove avventure, durante le quali il giovane giunge al castello del Re Pescatore che reca su di sé un'inguaribile ferita: sino a quando non sarà rimarginata regneranno sulla sua terra tristezza e carestia.

In una sala del maniero, durante una cena, appaiono in successione diversi oggetti, tra cui una lancia sanguinante (obiettivo della successiva ricerca di Galvano) e un graal, un piatto che al suo apparire sprigiona una grande luce. Ricordandosi le parole di Gornemant, il quale lo aveva ammonito di parlare il meno possibile e di non fare domande, si risolve a non chiedere al Re Pescatore perché la lancia sanguinasse o a chi serviva il graal, *pur provandone l'impulso. Questi oggetti erano stati portati in una stanza celata ai suoi occhi, all'interno della quale stava il padre del Re. Perceval però ignora che la mancata domanda porterà disgrazia al Re Pescatore e alla sua terra: e che solo ponendo quelle semplici domande avrebbe potuto risanarli.*

Al suo risveglio tutto è sparito, nessuno a parte lui sembra essere presente nel castello, e ricomincia così le sue peregrinazioni. Durante una lunga serie di nuove avventure, dovrà rendersi degno di ritrovare il graal, ponendo rimedio al suo errore e salvando così la terra malata e il Re Pescatore. Incontra un eremita, fratello del Re Pescatore, che lo confessa durante la Quaresima e rinfocolare il suo sentimento religioso, che aveva perso durante il cammino. Viene a conoscenza inoltre della sua appartenenza alla Famiglia del Graal e del fatto che il Re Pescatore è suo zio."

Non porre la domanda non offre la possibilità di aprirsi a nuove realtà, a nuovi mondi, ma ci precipita nella quotidianità ripetitiva, addirittura può non permettere la crescita e la risoluzione dei problemi. Come anche nella lettura dell'I-Ching è fondamentale la domanda per interpretare la risposta, allo stesso modo lo è per l'Astrologia e tutte le altre discipline che cercano di riempire una forma che, in questo caso, è il senso della vita di un individuo.

Esperimenti interessanti

Gli esperimenti che descriverò sembrano essere lontani dall'argomento del libro, ma anche dall'Astrologia stessa, eppure non è così, come si scoprirà andando avanti nella lettura. Una risposta cercata e trovata nei risultati di un esperimento può aprire, invece, nuovi interrogativi.

Rosenthal – i topi e Oak School

"Gli studi e le scoperte su come rivelare il potenziale umano attraverso l'apprezzamento rappresentano forse una delle storie più affascinanti della psicologia. Questa storia ha avuto inizio con l'identificazione di abilità nascoste negli animali e si è conclusa con risultati sorprendenti con i bambini. Il più celebre di questi studi è stato condotto dallo psicologo di Harvard Robert Rosenthal e dal suo team. Nel corso di un gruppo di esperimenti condotti in collaborazione con R. Lawson, Rosenthal ha dato a 12 studenti sperimentatori cinque topi ciascuno. Tutti i topi provenivano da una normale razza da laboratorio, ma erano stati suddivisi in modo casuale in due gruppi etichettati come "intelligenti" e "tonti". Rosenthal e Lawson dissero agli sperimentatori che alcuni dei topi erano il prodotto di generazioni di topi selezionati per la capacità di orientarsi in un labirinto e sottolinearono che gli altri erano "tonti". Gli studenti sperimentatori hanno quindi passato cinque giorni insegnando ai loro topi a percorrere un labirinto. Dal primo giorno. i topi identificati come "intelligenti" attraversavano il labirinto meglio di quelli "tonti". Complessivamente. i presunti topi intelligenti fornivano una

percentuale di risposte corrette maggiore del 51% e imparavano più velocemente del 29% rispetto a quelli etichettati come tonti. Rosenthal e Lawson hanno anche osservato che gli studenti a cui erano stati assegnati topi "intelligenti" sembravano più rilassati ed entusiasti mentre lavoravano con gli animali. Parlavano loro negativamente meno spesso (meno scatti d'ira del tipo "Stupido topo!") e li toccavano di più."[26]

Immediatamente dopo l'esperimento dei topi, Robert Rosenthal ne portò a termine uno nuovo, conosciuto come l'esperimento della Oak School[27]. Questo studio riguardò una scuola con seicentocinquanta studenti e diciotto insegnanti. All'inizio dell'anno scolastico fu detto ai docenti che un nuovo test sull'intelligenza, assegnato a tutti gli studenti, avrebbe potuto non solo determinare i loro quozienti d'intelligenza ma anche individuare quel 20% che in quell'anno scolastico avrebbe compiuto notevoli progressi. Il test fu compiuto ma non aveva lo scopo per il quale i docenti erano a conoscenza, era un presupposto falso. Dopo lo svolgimento furono assegnati agli insegnanti dei gruppi di studenti; alcuni ebbero i più dotati, secondo l'esito del test, e gli altri i rimanenti. Ciò che gli insegnanti non sapevano è che i gruppi erano stati creati estraendo a caso i nomi degli studenti, ma nella loro testa non era così. Non esistevano gruppi con studenti più o meno dotati. Alla fine dell'anno scolastico fu somministrato nuovamente il test e, in effetti, il gruppo dei più

---

[26] Tojo Joseph Thatchenkery, *Carol Metzker, Intelligenza valorizzativa. Vedere la grande quercia nella ghianda*, Franco Angeli, pag. 97, 98
[27] Cfr. Paul Watzlawick, *La realtà inventata*, Feltrinelli Editore, 2006 Milano

"dotati" riscosse reali incrementi sopra la media del loro quoziente intellettivo. I docenti, inoltre, nella loro valutazione affermarono che erano più svegli, socievoli e pronti all'ascolto degli altri. Che cosa dobbiamo pensare? Gli insegnanti, probabilmente, hanno avuto maggior attenzione e cura nello svolgimento della loro funzione pedagogica, le loro aspettative hanno fatto in modo che davvero gli studenti raggiungessero gli obiettivi per i quali erano stati scelti, hanno creato l'ambiente e la realtà migliori per lo scopo, ma in modo del tutto inconsapevole.

Lucian Cordaro, J.R. Ison e i vermi

"*Un altro studio rivoluzionario ha causato ulteriore sorpresa. In questo esperimento i ricercatori Lucien Cordaro e James Ison hanno suddiviso in due gruppi in modo casuale alcuni vermi piatti quasi identici. Dissero agli sperimentatori che un gruppo era formato da una razza di venni "a scarsa risposta" che compivano meno spostamenti della testa e contrazioni del corpo e che l'altro era un gruppo composto da venni "a risposta elevata" che si spostava e si contraeva più spesso. Alla line, gli sperimentatori identificarono, in media, un numero di spostamenti della testa cinque volte superiore e un numero di contrazioni venti volte superiore nei presunti verni a risposta elevata rispetto agli altri'. Se il pensiero che i topi dimostrino prestazioni straordinarie a causa di aspettative elevate e di maggiore attenzione sembra ricadere nella sfera dell'immaginabile, l'idea che una creatura più semplice faccia lo stesso merita seria considerazione. Se dei vermi normali possono trasformarsi in "supervermi" grazie alle aspettative elevate e alla maggiore attenzione, quali sono le implicazioni per gli esseri umani?*"[28]

Se per gli alunni di una scuola o per i topi si può presumere che in qualche modo fosse scattato qualcosa di affettivo che avesse avuto come effetto il risultato evidenziato per i vermi, è davvero difficile immaginare una cosa analoga eppure, è accaduta. Ma se rileggessimo dal punto di vista della teoria di Sheldrake quanto accaduto, tutto avrebbe un senso.

---

[28] *Ibidem, 99*

L'Astrologia, è probabile, sembri funzionare anche perché l'Astrologo crede talmente tanto in essa che convince il consultante della bontà della materia e, quest'ultimo fa delle scelte, vive i suoi simboli, in funzione della descrizione che riceve e che fa propria. Se il consultante, quando si reca dall'Astrologo, già crede nell'Astrologia, è ancor più facile che segua le indicazioni fornite dal professionista. Nello stesso tempo è anche utile che l'Astrologo si convinca che sarebbe meglio utilizzare l'Arte secondo le indicazioni seguenti, in tal modo funzionerebbe ancora meglio:

"*L'intelligenza valorizzativa non significa fare finta che non siano capitate cose terribili alle persone o cancellare eventi tragici della storia. Piuttosto, consente di vedere i ricordi dolorosi come storia, non come presente, e come un'opportunità di creare un'azione differente per un futuro migliore. L'intelligenza valorizzativa non riguarda il negare l'esistenza di una parte della realtà. Riguarda la capacità di ricontestualizzarla per una grande visione del futuro.*" [29]

L'intelligenza valorizzativa, per gli Autori, è la capacità di percepire il potenziale positivo e generativo intrinseco nel presente e, aggiungo io, in ciascun soggetto. E' doveroso per i consultanti, quindi, stare lontani dai profeti di sventure.

---

[29] Tojo Joseph Thatchenkery, Carol Metzker, *Intelligenza valorizzativa. Vedere la grande quercia nella ghianda*, Franco Angeli, pag. 9.

Il modello di C. G. Jung tramite il quale l'Astrologia funziona

Nei paragrafi seguenti esporrò in maniera più ampia, rispetto a tutti gli altri Autori di cui ho scritto nel presente lavoro, una parte del pensiero di C. G. Jung che, dal mio punto di vista, è stato l'uomo che ha fornito le basi più solide su cui si possa far poggiare il pensiero astrologico moderno. Le sue idee e la sua visione dell'uomo e del mondo hanno permesso di mettere in relazione l'antica arte astrologica con la biologia, la mitologia, la filosofia, la fisica quantistica, abbracciando, di fatto, le parti costituenti l'uomo che, come ho scritto nell'introduzione, è fatto di corpo e mente. Racconterò dell'inconscio collettivo, degli archetipi e della sincronicità. Sarebbero state sufficienti tre pagine per riassumere tutti i concetti, ma la storia dell'evoluzione del pensiero junghiano con le sue infinite sfumature apre mondi e scenari che non possono essere trattati *en passant*, in modo veloce e spicciolo, meritano un minimo di approfondimento e io ho cercato di fornire le informazioni, a mio avviso, essenziali. Non mi allontanerò dagli obiettivi del libro, anche se alcuni potrebbero contestare questa affermazione, quando mi dilungherò in alcuni dettagli, ma qualsiasi racconto vive di equilibri più o meno stabili e, come ho scritto nel titolo di questo capitolo, secondo me C. G. Jung fornisce infinite possibilità interpretative e pilastri per costruire le fondamenta di un pensiero astrologico moderno, strutturato e coerente.

L'unità del mondo e del cosmo

> "... coloro che credono che il mondo manifesto sia governato dalla fortuna o dal caso, e che dipenda da cause materiali, sono ben lontani dal divino e dalla nozione di Uno."
> (Plotino, Enneadi, VI, 9)

Facciamo un passo indietro per cercare riferimenti storico-filosofici che possano definire un substrato su cui il principio di sincronicità e gli archetipi s'inseriscono.

Platone e l'Iperuranio

Iperuranio: *"Termine utilizzato da Platone (ὑπερουράνιος) per descrivere il «luogo sopra il cielo» o «sopra il cosmo». In tal senso essendo lo spazio, nella concezione greca, finito e terminato appunto dai cieli, l'i. è 'luogo' soltanto in senso metaforico; si tratta in realtà del rinvio a un piano metafisico di realtà, quello delle idee, contemplato dall'anima nel suo momento più alto.*

Platone ne parla mediante le immagini del mito nel Fedro (→) (247 c-e): «[l'iperuranio] nessuno dei poeti di quaggiù lo cantò mai, né mai lo canterà in modo degno. [...] Infatti è l'essere che realmente è, incolore e privo di figura e non visibile, e che può essere contemplato solo dal pilota dell'anima ossia dall'intelletto, e intorno a cui verte il genere della conoscenza vera che occupa tale luogo. [...]. [l'anima] dopo che ha contemplato tutti gli esseri che veramente sono [idee] e se ne è saziata, di nuovo penetra all'interno del cielo, e torna a casa». Nella Repubblica (➔) *(VI, 509 d), Platone scrive: «due sono le realtà e una domina sul genere e sul mondo intelligibile, l'altra sul visibile, per evitare di dire 'sul cielo' e non lasciarti credere che io voglia fare un gioco di parole sul vocabolo."* [30]

Nell'Iperuranio troviamo le idee universali che possono entrare in relazione con il mondo reale attraverso il Demiurgo[31] che coglie le forme delle idee e le riempie di materia. Il rapporto fra le idee e le entità terrene può avvenire, secondo Platone, sempre per il tramite del Demiurgo, in quattro modi:

- Rapporto di mimesi: la realtà è una copia delle idee immutabili;

---

[30] http://www.treccani.it/enciclopedia/iperuranio_(Dizionario-di-filosofia)/
[31] *"Artefice dell'Universo, principio dell'ordine cosmico: con questo significato, nel quale convergono sia quello di 'artigiano' sia quello di 'magistrato che provvede a governare il popolo' (entrambi in vigore nell'antica Grecia), Platone usa il termine nel* Timeo *(*➔*). 'Mito verosimile', l'operato del d. consiste nel conferire ordine e misura a una materia preesistente (è estranea a Platone l'idea di creazione dal nulla), prendendo a modello le idee o forme eterne, anch'esse indipendenti dal demiurgo. Il d. dà così origine all'anima del mondo, alla parte immortale dell'anima umana e alle altre divinità, affidando a queste ultime il compito di creare i corpi. La nozione platonica fu ripresa dal neopitagorico Numenio di Apamea (1° sec.), che concepì il d. come un secondo dio intermedio tra l'Essere, uno e incorporeo, e il mondo sensibile, inteso come terzo dio, di cui è artefice. Lo gnostico Valentino (2° sec.) chiamò d. l'ultimo eone, divinità emanata, il più lontano da Dio e perciò il meno perfetto, dal cui operato avrebbero avuto origine il mondo materiale e i suoi mali."* Fonte: http://www.treccani.it/enciclopedia/demiurgo_(Dizionario-di-filosofia)/

- Rapporto di metessi: la realtà partecipa all'esistenza delle idee;
- Rapporto di parusia: le idee sono presenti nella realtà e ne rappresentano l'essenza;
- Rapporto di aitia: le idee sono cause delle realtà.

Per sintetizzare alcuni concetti del pensiero platonico faccio riferimento a Wikipedia [32]:

"Nella concezione platonica l'anima umana, prima di "cadere" nel corpo, contempla la perfezione delle idee nell'iperuranio. Questa (maggiore o minore) contemplazione delle idee farà dell'individuo un amante della Verità o un bruto. Le persone vengono a conoscenza del sapere per reminiscenza (ricordo) dell'anima di tutte le idee che ha contemplato nell'iperuranio.

I rapporti tra le idee, e dunque la struttura interna dell'iperuranio, sono determinati dalla legge della dialettica: questo termine ha il duplice significato di distinguere o dividere e raccogliere o unire.

La struttura dell'iperuranio è fondamentalmente piramidale: in cima troviamo l'idea suprema del Bene e scendendo lungo questa piramide troviamo idee sempre più legate al mondo sensibile, passando attraverso le idee matematiche (che, pur avendo lo stesso grado di verità delle precedenti, hanno meno importanza).

---

[32] *https://it.wikipedia.org/wiki/Iperuranio*

Il "valore" di un'idea all'interno dell'iperuranio è definito dal suo grado di universalità."

Sono evidentissimi i paralleli fra il pensiero di C. G. Jung, l'inconscio collettivo (Iperuranio) e gli Archetipi (Idee). La rappresentazione archetipica sembra essere in relazione con il Demiurgo, che è chiamato in causa dall'uomo nel momento in cui osserva la realtà.

Pitagora e i numeri

Osservando la realtà, secondo Pitagora si evince che esiste una regolarità matematica nelle forme, ossia numerica. Di conseguenza tutte le cose sono affini tra loro per il tramite del numero, perché misurabili.

Bertrand Russel ricorda che:

«*Ciò che appare come il platonismo, si trova già, analizzandolo, nell'essenza del pitagorismo. L'intera concezione di un mondo eterno rivelato all'intelletto, ma non ai sensi, deriva da lui. Se non fosse per lui, i Cristiani non avrebbero pensato a Cristo come al Verbo; se non fosse per lui i teologi non avrebbero cercato prove logiche di Dio e dell'immortalità. Ma in lui tutto ciò è ancora implicito.*»[33]

Un mondo eterno rivelato all'intelletto dunque, ma non ai sensi. Così come per Platone noi cogliamo parte della verità attraverso i sensi, per Pitagora invece sono il numero e la matematica che permettono di cogliere un legame fra tutte le cose. Non dobbiamo dimenticare che Platone si è certamente ispirato alla scuola pitagorica quando ha posto anche le idee matematiche nell'Iperuranio.

Analogamente, Plotino[34] scriveva: "*Lo Spirito, invece, è tutto; Egli serra in sé la universalità delle cose, immobilmente, allo stesso posto; ed Egli è, unicamente; e questo è sempre; il sarà non ci sarà mai; ed anche nell'allora Egli è, poiché non v'è neppure il*

---

[33] Da <u>Storia della filosofia occidentale</u>, traduzione di <u>Luca Pavolini</u>, Longanesi, Milano 1966, p. 68.
[34] https://it.wikipedia.org/wiki/Plotino#Dottrina

passato: non vi è certo lì una qualche cosa che sia trascorsa, ma tutto vi persiste immobile, perpetuamente, poiché è identico ed ama, per così dire, che il suo essere duri in quello stesso stato." *(da Enneadi, V, IV)* ed Eraclito: *"Non ascoltando me, ma il logos, è saggio intuire che tutte le cose sono Uno e che l'Uno è tutte le cose."* avevano una visione unitaria della realtà.

Si coglie, quindi, come vi sia unità fra la realtà e il mondo metafisico, fra materia e coscienza. La realtà sembra essere plasmata attraverso delle forme primordiali comuni a tutti gli uomini, è come se un principio di totalità tenesse assieme il creato. Inoltre l'Astrologia utilizza il linguaggio universale della matematica per costruire il rapporto fra pianeti, segni e case, in un certo senso possiede la chiave per dischiudere la realtà umana.

L'inconscio collettivo

La psicologia "*indaga i fondamenti della coscienza, ossia persegue i processi consci fin quando questi si oscurano fino a diventare irrappresentabili*", scriveva Jung[35], e ciò conduceva alla concezione dell'inconscio come limite. Jung riconosceva, comunque, l'impossibilità di delimitare con un confine netto le zone dell'inconscio e della coscienza, giacché non solo vi era una scala d'intensità di coscienza nell'ambito stesso della dimensione conscia, una differenza abissale o una vera e propria antitesi tra 'io faccio' e 'io sono cosciente di ciò che faccio'.

Ma, man mano che cresceva la differenziazione tra la coscienza (strati alti della psiche) e l'inconscio, questo tendeva sempre più a un livello primitivo, arcaico, mitologico, accostandosi così alla forma istintuale e alle caratteristiche dell'impulso, quali l'automatismo e la non influenzabilità. Il che significava, continuava Jung, che i concetti di coscienza e di inconscio erano relativi, perché non c'era contenuto di coscienza che non fosse inconscio sotto un altro aspetto e, forse, non c'era neanche psichismo inconscio che non fosse al tempo stesso conscio. Jung nel 1950 ripeteva che, penetrando un poco più a fondo sotto la superficie dell'anima, ci si imbatteva in "strati storici", i quali non erano lettera morta, bensì continuavano a vivere e ad agire in ciascun essere umano perché "*la coscienza individuale è solo il fiore e il frutto di una stagione, germogliato dal perenne rizoma sotterraneo e che armonizzerebbe meglio con la verità se tenesse*

---

[35] C. G. Jung, *La dinamica dell'inconscio*, op. Cit. Pag .246

conto dell'esistenza del rizoma, giacché l'intreccio delle radici è la madre di ogni cosa"[36]

L'inconscio era, dunque, visto come il numinoso che era al di là di ogni possibilità di definizione, che poteva talora esser personificato, come nel caso del demone o di Dio, rimanendo comunque oltre il limite della coscienza, sulla quale si potevano solo cogliere gli effetti. Jung poneva l'accento sul fatto che l'inconscio era un *"concetto limite esclusivamente negativo"*, sebbene dalla constatazione di alcuni effetti sulla coscienza si dovessero assegnargli dei contenuti ipotetici, pur senza poter affermare nulla di positivo sulla sua natura e usando una terminologia di mero valore pratico. La reale natura dell'inconscio non poteva essere determinata obiettivamente, perché l'atto stesso dell'osservazione alterava l'oggetto osservato, la psiche non poteva essere distinta dalle sue manifestazioni: essa era insieme soggetto e oggetto della psicologia; non si poteva affermare qualcosa sull'inconscio, ma abbozzare un modello che non aveva alcuna valenza oggettivistica, indicando solo un determinato modo di considerare le cose.[37]

E' questo il principio fondamentale del Logos che eternamente lotta per liberarsi dal calore e dal buio del grembo materno, dall'incoscienza. Senza arretrare di fronte a nessun conflitto, dolore o peccato, la divina curiosità aspira a emergere. L'incoscienza è per il logos il peccato originale, il male per eccellenza. Il suo atto

---

[36] C. G. Jung, *Libido Simboli Trasformazioni,* op. cit. pag. 13.
[37] Cfr. C. G. Jung, *La dinamica dell'inconscio,* op. cit., pag. 203.

liberatorio, quello che crea il mondo, è il matricidio, e lo spirito, che aveva osato sfidare tutte le altezze e le profondità, deve, come dice Sinesio, subire allora la punizione divina: l'incatenamento alla rupe del Caucaso. Niente può esistere, infatti, senza il suo opposto, perché entrambi erano al principio Uno, e Uno saranno nuovamente alla fine. *"La coscienza può esistere solo con il costante riconoscimento e rispetto dell'inconscio, così come tutto quello che è vivo deve passare attraverso varie morti"*[38]. La coscienza si era sviluppata, storicamente e individualmente, dall'oscurità e dal crepuscolo dell'inconscio primordiale, perché processi e funzioni psichiche erano esistiti ben prima che vi fosse stata una coscienza dell'Io. Ciò che è importante sottolineare era che Jung ponesse la primordiale oscurità della Totalità indifferenziata (l'inconscio) a fondamento della coscienza: *"l'inconscio è madre della coscienza. Ma dove c'è una madre c'è anche un padre per quanto ignoto egli possa apparire. La coscienza, giovane creatura, può rinnegare il padre, non la madre"*[39]. L'inconscio era per Jung il femminile, era l'oceano, il mondo infero in cui l'eroe doveva discendere uccidendo il mostro, era il regno delle Madri, vale a dire delle immagini primordiali; ma il padre ignoto che poteva essere rinnegato, però non per questo meno presente, chi era? La risposta potrebbe venire da una lettera del 1932 in cui l'Autore scriveva: *"Io asserisco che la madre è solo un aspetto dell'inconscio, vi è anche un aspetto padre, benché non attribuirei a questi aspetti più di un necessario illusorio carattere, dovuto alla difficoltà mentale di*

---

[38] C. G. Jung, *Gli archetipi e l'inconscio collettivo*, op. cit., pag.95.
[39] *Ibidem*.

concepire qualcosa che non sia concreta e all'incapacità del nostro linguaggio di esprimere qualcosa che non sia un'immagine verbale"[40]. Come dire che ogni cosa era inscindibile dal proprio opposto, ma la coscienza non poteva cogliere nulla se non attraverso un'illusoria determinazione di essi, però nell'inconscio tutto era in tutto (*complexio oppositorum*).

L'inconscio era "*una illimitata distesa piena di inaudita indeterminatezza, priva di apparenza di interno e di esterno, di alto e di basso, di qua e di là, di mio e di tuo, di buono e di cattivo. È il mondo dell'acqua, in cui è sospesa, fluttua ogni vita, dove comincia il regno del <<simpatico>>, l'anima di tutto ciò che è vivo, dove io sono inseparabilmente questo e quello, dove io sperimento in me l'altro e l'altro-da-me sperimenta me stesso*"[41]. L'inconscio poteva così essere inteso come l'irraggiungibile Abisso che si proponeva come l'aldilà della coscienza nella sua decostruzione verso strati sempre più profondi, verso l'Arcaico che sorgeva dalla notte dei tempi e dal buio indifferenziato dell'Unità, che era oltre la coscienza, pur comprendendola. "*L'inconscio collettivo [...] è oggettività ampia come il mondo, aperta al mondo [...] nel pieno rovesciamento della mia coscienza abituale [...] mi trovo totalmente e direttamente collegato con il mondo intero*"[42], ma venire a contatto con il pleroma dell'inconscio significava trasformarsi in esso e, per evitare questo pericolo e consolidare la

---

[40] C. G. Jung, *Letters 1906-1950*, Princeton University Press, Princeton 1973, vol. I, pag. 91.
[41] C. G. Jung, *Gli archetipi e l'inconscio collettivo*, op. cit., pag. 20.
[42] *Ibidem*.

coscienza, erano stati elaborati i riti, le rappresentazioni collettive, i dogmi. Secondo Jung il rapporto più autentico che l'Io potesse avere era quello con l'inconscio collettivo; ne conseguiva che la funzione dell'altro e, quindi, la dimensione etica, erano estremamente limitate. E' importante sottolineare che il concetto di inconscio collettivo comportava che la via individuale fosse una *nékyia* nel proprio interno, perché il Sé era nella solitudine e nel silenzio delle profondità dell'anima: "*Chiunque infatti si appropri anche di un unico frammento dell'inconscio, con il prenderne coscienza esce un po' fuori del proprio tempo e del proprio strato sociale e finisce nell'eremos) nella solitudine [...]. Ma soltanto in tale dimensione si ha la possibilità di incontrare il <<dio della salvezza>>. Infatti la luce diviene evidente nelle tenebre, e ciò che salva si manifesta nel pericolo*"[43]

L'inconscio aveva una singolare atemporalità: "*tutto è già accaduto e non ancora accaduto, già morto e non ancora nato*" scriveva Jung. La sua atemporalità "*vive nell'uomo creativo, si manifesta nella visione dell'artista, nell'ispirazione del pensatore, nell'esperienza interiore del mistico. L'inconscio sovrapersonale è, m quanto struttura universale del cervello, uno spirito universale <<onnipresente>> e <<onniscente>>. Esso però conosce l'uomo come è sempre stato, non come è in questo momento: lo conosce come mito. Entrare in rapporto con l'inconscio collettivo significa la morte della natura personale dell'individuo e la sua rinascita in una nuova sfera, come negli antichi misteri*"[44]. E ancora: "*A questo

---

[43]C. G. Jung, *Mysterium coniunctionis,* op. cit., pagg. 191-192.
[44] C. G. Jung, *Civiltà in transizione: il periodo fra le due guerre,* op. cit., pag. 9

livello [psichico] collettivo non siamo più individui separati, ma siamo tutti una cosa sola [...], questa unità di soggetto e oggetto, questa participation mystique"[45]. Queste parole sono estremamente chiare per capire quale era la portata ontologica e monistica del pensiero di Jung. L'inconscio collettivo era, dunque, di natura sovrapersonale e i suoi contenuti erano gli archetipi, mentre quelli dell'inconscio personale erano i complessi a tonalità affettiva.

Nell'inconscio collettivo vi erano forme e istinti innati, ma non nella loro attualità, bensì nella loro possibilità, nel loro schema paragonabile al reticolo cristallografico, che erano preformati nel cervello come immagini originarie, contenenti l'intero patrimonio dei motivi mitologici in base ai quali l'uomo ha sempre pensato[46]. Occorre comunque dire, per completare il quadro, che Jung concepiva l'inconscio organizzato concentricamente, a modo di mandala, solo nella sua ultima grande opera, il *Mysterium Coniunctionis*, ove tutto era strutturato secondo l'architettonica dell'*Unus Mundus*. Negli anni precedenti egli aveva visto difficilmente supponibile nell'inconscio un principio dominante analogo all'Io, data la caoticità e l'incomprensibilità dei suoi materiali per la mente normale. Ogni organizzazione dei materiali inconsci proveniva dalla coscienza. Solo negli ultimi anni Jung avrebbe posto ogni strutturazione di senso nell'inconscio, accentuando il carattere della coscienza individuale come di un sogno del Sé. L'uomo, tramite l'Astrologia, può cercare di raggiungere il proprio Sé attraverso gli archetipi, come si leggerà

---

[45] C.G. Jung, *Psicoanalisi e psicologia analitica*, op. cit., pagg. 56-57.
[46] Cfr. C. G. Jung, *La dinamica dell'inconscio*, op. cit., pagg. 332-333 e n.

più avanti, poiché la coscienza in qualche modo sarà "illuminata", "attivata", da loro, sempre che il soggetto sia pronto e lo voglia consapevolmente.

I contenuti particolarmente pregnanti dell'inconscio collettivo erano da Jung indicati precipuamente nella "*somma degli istinti e dei loro correlati, gli archetipi. Come ogni uomo possiede degli istinti, così possiede anche le immagini originarie*", giacché "*gli archetipi sono forme tipiche della comprensione, e dovunque si tratta di percezioni uniformi che si ripresentano regolarmente si tratta di un archetipo*"[47] e essi sono elementi immodificabili. Per capire meglio questi concetti, vediamo la ricostruzione che Jung stesso dava in un'aggiunta, di data ignota, ad una conferenza del 1916, poi confluita nella prima parte dell' L'Io e l'inconscio (1928). Posto che con "*mondo reale va inteso molto in generale quel contenuto della coscienza consistente da un lato nell'immagine percepita del mondo, dall'altro nei sentimenti e nei pensieri coscienti che tale immagine suscita*", l'inconscio collettivo "*contiene, ovvero è, l'immagine speculare storica del mondo*": era il mondo delle immagini della realtà esterna quale si era configurata mediante le sedimentazioni filogenetiche di percezione e d'adattamento[48].

Infatti, scriveva l'Autore, "*di per se stesso l'inconscio collettivo non esiste neppure, in quanto non è altro che una possibilità, quella possibilità appunto che noi ereditiamo da*

---

[47] C. G. Jung, *La dinamica dell'inconscio,* op. cit., pag. 155.
[48] C. G. Jung, *Due testi di psicologia analitica,* op. cit., pag. 300.

epoche remote in forme determinate d'immagini mnestiche [...] trasmesse ereditariamente nella struttura del nostro cervello. Non esistono rappresentazioni innate, ma possibilità innate di rappresentazioni"[49]. In questo senso si può dire che tali possibilità di rappresentazioni avevano un modus trascendentale perché erano *"in certo qual modo idee a priori la cui esistenza non è dimostrabile senza l'esperienza. Esse appaiono solamente, nella materia formata, quali principi regolatori della sua formazione"*[50], ed era solo attraverso la ripetizione di innumerevoli esperienze ataviche che tali possibilità di rappresentazioni si raggruppavano in schemi o monogrammi, costituenti le immagini primordiali o archetipi. Da quanto è qui detto, sembra potersi affermare che l'immagine primordiale, o archetipo, era il solco mnestico che era impresso dalla ripetizione costante dei rapporti ambientali, attraverso i millenni delle origini, nella struttura psicobiologica dell'essere umano, e che dava luogo a forme pure, senza contenuto. L'inconscio diveniva così, nella visione junghiana, il datore di senso dell'uomo che si considerava agente autonomo e non sospettava di dipendere e di esser guidato da un'entità che non conosceva. Ma, sebbene fosse l'inconscio a contenere il simbolo compensatorio della totalità, era nella natura istintiva, animale, che si trovavano le profonde potenze che determinavano il destino dell'uomo, la coscienza poteva però intervenire in modo significativo. Infatti: *"Non sono io che vivo, ma è la vita che vive*

---

[49] C. G. Jung, Civiltà in transizione:*Jl periodo fra le due guerre*, op. cit., pag. 351.
[50] *Ibidem*.

me. *L'illusione della supremazia della coscienza ci fa dire: io vivo. Ma non appena quest'illusione venga infranta dal riconoscimento dell'inconscio, quest'ultimo apparirà allora come qualcosa di oggettivo in cui è contenuto l'Io [...] Si prova in certo qual modo la sensazione di <<essere sostituiti>>, il che non implica però quella di <<essere destituiti>>*"[51]. Il rapporto tra l'Io e l'inconscio andava rovesciato, nel senso che l'inconscio era il generatore della personalità empirica, avrebbe detto Jung nell'ultima fase del suo pensiero perché "*la vera psiche è l'inconscio, mentre la coscienza dell'io può essere considerata soltanto un epifenomeno temporaneo*"[52]. Questo passaggio è fondamentale poiché ci permette di ipotizzare che l'Astrologia funzioni sia perché, essendo "creduta", in qualche modo colora di significato gli archetipi e, quindi, la loro rappresentazione archetipica prende forma, è messa a disposizioni per tutti gli uomini. Se il ripetersi di riti, di credenze e di linguaggi modella la forma degli archetipi, allora il ripetersi nel tempo del rito della lettura astrologica, del credere all'esistenza simbolica delle divinità che popolano il cielo con determinate caratteristiche, garantisce l'esistenza e la validità dell'Astrologia.

Sul piano empirico-psicologico egli avrebbe detto che "*l'inconscio collettivo è la poderosa massa ereditaria spirituale dello sviluppo umano che rinasce in ogni struttura cerebrale individuale. La coscienza invece è un fenomeno effimero, che serve agli adattamenti e orientamenti momentanei*"[53], ma sono le

---

[51] C. G. Jung, Ricordi Sogni Riflessioni, op. cit., pag. 361.
[52] C. G. Jung, Pratica della psicoterapia, op .cit., pag. 101.
[53] C. G. Jung, La dinamica dell'inconscio, op .cit., pag. 76.

forme preesistenti dell'inconscio collettivo, gli archetipi, a dare forma determinata ai contenuti psichici. Ancora, nella sua ultima grande opera Jung intendeva la psiche umana come la ricapitolazione stratigrafica del modo d'essere dell'umanità passata, della preistoria, del mondo dei sauri a sangue freddo fino "*al livello più profondo, al mistero trascendente e il paradosso dei processi psicoidi del simpatico e del parasimpatico*"[54]. L'inconscio collettivo non era un dato psicologico puro, ma aveva una profonda base organica; la sua permanenza di comportamento attraverso i tempi era dovuta alla permanenza del funzionamento cerebrale, che non si riduceva però a una attività puramente riproduttiva, perché la struttura cerebrale non raccontava la storia oggettiva, la storia fatta dall'uomo, ma la storia dell'umanità, "*ossia il mito incessante di morte e rinascita e le molteplici figure che popolano questo mistero*", rivelante la sua vivente presenza solo nella fantasia creativa. Se dal punto di vista biologico "*l'inconscio collettivo è semplicemente l'espressione psichica dell'identità della struttura cerebrale al di là di ogni differenza di razza*", dal punto di vista puramente psicologico, le linee dello sviluppo psichico partivano da un passato comune di "*istinti di rappresentazione (immaginazione) e di azione. Ogni rappresentazione e azione conscia si è sviluppata su queste immagini archetipiche inconsce, con le quali rimane in costante relazione*"[55].

---

[54] C. G. Jung. *Mysterium coninuctionis,* op. cit., pag. 203.
[55] C. G. Jung, *Studi sull'alchimia,* op. cit. pagg. 23-24.

Gli Archetipi

Di fatto, non fu Jung a coniare la parola "archetipo", che fu usata per secoli per indicare lo schema originale o prototipo da cui erano state tratte le copie. In ogni caso, per parlare di archetipi è necessario differenziare tra il concetto d'inconscio freudiano e inconscio junghiano. Per Freud l'inconscio era il luogo psichico in cui si trovavano le rimozioni, ed esse non erano altro che pulsioni rimaste, appunto, inconsce[56].

Freud, a proposito della rimozione, scriveva: "Abbiamo dunque motivo di supporre l'esistenza di una rimozione originaria, e cioè di una prima fase della rimozione che consiste nel fatto che alla «rappresentanza» psichica di una pulsione viene interdetto l'accesso alla coscienza [...] la rimozione propriamente detta è una post-rimozione"[57]

Per quanto riguarda la concezione dell'inconscio, egli affermava ancora: "Una pulsione non può mai diventare oggetto della coscienza, solo l'idea che lo rappresenta lo può [...] Il nucleo dell'inconscio è costituito da rappresentanze pulsionali che aspirano a scaricare il proprio investimento..."[58]

La differenza fondamentale tra le concezioni e l'articolarsi delle strutture psichiche nell'uomo tra Freud e Jung sta nel fatto che: il primo non aveva assegnato un ruolo centrale, così come avrebbe fatto Jung, all'inconscio collettivo, benché ne avesse

---

[56] Cfr. E. A. Bennet, *Che cosa ha detto veramente Jung*, trad. it., Astrolabio, Roma 1967

[57] S. Freud, *La rimozione*, in Opere 1915-17, trad.it., Boringhieri, Torino 1976, vol. VIII, pag. 38.

[58] S. Freud, *L'inconscio*, in op. Cit., pagg. 78-79.

postulato l'esistenza. Freud, infatti, scriveva: "*il contenuto dell'inconscio può essere paragonato a una popolazione preistorica della Psiche. Se nell'uomo ci sono formazioni psichiche ereditarie, simili all'istinto degli animali, esse costituiscono il nucleo dell'inconscio.*"[59]. L'inconscio collettivo per Jung si differenziava dall'inconscio personale poiché era quest'ultimo che aveva senso, essendovi presenti contenuti che un tempo erano stati consci, poi non più (rimossi), mentre l'inconscio collettivo racchiudeva un insieme di caratteri della psiche ereditari, appartenenti a tutta la specie umana.[60]

Tali caratteri non erano mai stati consci (archetipi) ma, nel momento in cui lo divenivano (rappresentazioni archetipiche), perdevano il loro valore universale e l'uomo poteva rappresentarseli, così come accadeva con il mito.

Si comprende allora che, come la pulsione non poteva essere oggetto della coscienza, così accadeva per gli archetipi: di entrambi si potevano avere solo rappresentazioni. Per quanto riguarda, invece, la similarità strutturale dell'inconscio freudiano con l'inconscio collettivo junghiano, risulta chiaro che i due fungevano entrambi da contenitore, il primo delle pulsioni, il secondo degli archetipi.

Nella dinamica psichica junghiana si nota il passaggio da: "Inconscio Collettivo" a "Conscio", a "Inconscio personale". Nell'inconscio collettivo era come se vi fossero state le forme a priori di qualsiasi possibilità di conoscenza umana, era come se

---

[59] S. Freud, *L'inconscio*, in op. Cit., pagg. 78-79.
[60] C. G. Jung, *Gli archetipi e l'incnoscio collettivo*, op. Cit., pagg. 3-5.

l'uomo già sapesse tutto del mondo, ne avesse preso coscienza, rimuovendo ciò che gli sembrava dannoso. Si esprimeva a proposito Jung: "*La mia tesi, dunque, è la seguente: oltre alla nostra coscienza immediata, che è di natura del tutto personale e che riteniamo essere l'unica psiche empirica (anche se gli aggiungiamo come appendice l'inconscio personale), esiste un secondo sistema psichico di natura collettiva, universale e impersonale, che è identico in tutti gli individui. Quest'inconscio collettivo non si sviluppa individualmente, ma è ereditato. Esso consiste di forme preesistenti, gli archetipi, che possono diventare coscienti solo in un secondo momento e danno una forma determinata a certi contenuti psichici.*"[61] E aggiungeva: "*Nella vita vi sono tanti archetipi quante situazioni tipiche. La continua ripetizione ha impresso queste esperienze nella nostra costituzione psichica, non nella forma d'immagini dotate di contenuto, ma in principio solo come "forme senza contenuto", atte a rappresentare solo la possibilità d'un certo tipo di percezione e azione. Quando si presenta una situazione che corrisponde a un dato archetipo, allora l'archetipo viene attivato, e si sviluppa una coattività che, come una forza istintiva, si fa strada contro ogni ragione e volontà oppure produce un conflitto di dimensioni patologiche, cioè una nevrosi*".[62]

Tuttavia, per provare empiricamente l'esistenza degli archetipi, Jung riteneva che fosse necessario numeroso materiale proveniente da diversi soggetti, come immagini oniriche o episodi di vita

---

[61] Ivi, pag. 44.
[62] Ivi, pag. 49.

vissuta che avevano un qualcosa di esperienza spirituale e, infine, che si dovesse trovare un *trait-d'union* tra queste vicende e le immagini mitiche presenti in tutte le culture. Affinché tutto ciò fosse potuto avvenire, bisognava spogliare le rappresentazioni archetipiche del vissuto personale e coglierne il valore universalizzante. Il lavoro doveva essere attento e non si sarebbe dovuto forzare i simboli con proprie eccessive interpretazioni, elucubrando. E' quello che è stato compiuto da Joseph Campbell nell'analisi dei miti.

L'archetipo, simile all'*Eidos* platonico, era primigenio, senza alcun riferimento ad altro, in-sé e per-sé. Una volta avuta la rappresentazione dell'archetipo, esso non era più archetipo, ma una figura mediata dall'uomo, e l'uomo stesso diveniva il demiurgo del proprio mondo, plasmando la realtà a piacimento e accostando il più possibile un particolare archetipo al vissuto personale. L'archetipo della madre era in sé madre buona e cattiva nella totalità e l'infinità delle rappresentazioni delle possibili madri. Secondo Jung le forme archetipiche non sono semplicemente modelli statici, ma fattori dinamici che si manifestano in impulsi spontanei proprio come gli istinti, perché erano essenzialmente tendenze istintive.

L'archetipo non era, perciò, una "rappresentazione" inconscia giacché non era determinato dal punto di vista del contenuto, ma solo per ciò che concerneva la forma, e anche limitatamente. Se si fosse voluta mostrare l'immagine primordiale come determinata contenutisticamente, lo si sarebbe potuto fare solo facendo ricorso all'immagine, quale era vissuta dalla coscienza, quindi ormai arricchita del materiale dell'esperienza cosciente. L'archetipo in sé non era altro che un elemento vuoto, formale, una mera *facultas praeformandi*, una possibilità a priori della rappresentazione[63]. Le forme corrispondevano agli istinti, anch'essi indeterminati e come gli archetipi non individuabili, finché non si manifestavano nella particolare espressione, *hic et nunc*. L'archetipo era l'autoraffigurazione dell'istinto, l'intuizione che l'istinto aveva di se stesso, e in questo senso poteva esser detto immagine originaria, mediante cui l'inconscio condizionava la forma e la determinatezza dell'istinto.

Era dunque dalla considerazione critica dell'immagine e dei suoi rapporti con l'esperienza che l'Autore giungeva al concetto di "archetipo", per la prima volta usato nel 1919, in Istinto e Inconscio, dichiarando di averne derivata l'idea da Agostino e di averne trovata l'espressione già nello Pseudo-Dionigi e nel Corpus Hermeticum[64]. Gli archetipi non rappresentavano qualcosa di esteriore, di non psichico, anche se prendevano di volta in volta il loro materiale espressivo dall'esperienza, bensì esprimevano la psiche oggettiva, identica in tutti, presupposto di ogni psiche individuale "al modo stesso in cui il mare è il presupposto e l'alveo delle sue onde"[65]. La medesima cosa accade quando s'interpreta un tema natale; si parla dei simboli, dei miti racchiusi in quel magico momento che è la nascita di un uomo. Il vissuto di quell'uomo in particolare li colora e li riempie in modo diverso, ma la forma resta

---

[63] C. G. Jung *Psicoanalisi e psicologia analitica, op. cit, pagg. 277-288*
[64] Ivi, pagg. 153-154
[65] C. G. Jung, *Pratica della psicoterapia, op. cit., pag. 181*

identica per tutti coloro i quali nascono con il medesimo grafico zodiacale, come nel caso dei gemelli nati a pochi minuti o secondi di distanza. Il discorso non cambia, siano essi omozigoti o eterozigoti, ovvero se condividono o meno lo stesso patrimonio genetico. Jung ricorda che: *"Siamo nati in un dato momento, in un dato luogo, e abbiamo – come i vini celebri – le qualità dell'anno e della stagione che ci hanno visti nascere. L'Astrologia non pretende altro"*[66]

Precisava Jung: "*È impensabile che possa esistere una qualsiasi «determinata» figura che esprima l' «indeterminatezza archetipica»*", la quale si poteva configurare solo in una classe di figure corrispondenti che, nella loro varietà, diventavano i simboli dell'archetipo. Non era allora l'archetipo che mutava, ma la forma verbale o figurativa che lo traduceva secondo i canoni della coscienza collettiva dell'epoca: quando lo spirito dell'epoca cambiava, i simboli che esprimevano l'archetipo si svuotavano ed esso necessitava una nuova interpretazione che rivelasse l'idea vivente dell'archetipo, secondo il mutato canone collettivo. Poteva, al limite, anche assumere una veste dottrinale e razionale, ma ciò che cambiava era la rappresentazione archetipica, non l'archetipo nel suo nucleo "psicoide", valeva a dire nella sua dimensione infrarossa in cui psichico e organico si fondevano[67].

Caratteristica essenziale degli archetipi era la loro reciproca e fluida compenetrazione, per cui si potevano descrivere solo approssimativamente, non in formulazioni concettuali esatte, ed era dall'<u>insieme, più che dalle singole</u> formulazioni, che poteva

---

[66] C. G. Jung, *L'homme à la découverte de son âme*, p. 287, 288.

risultarne il loro senso vivo. Ogni tentativo di definirli più da vicino smorzava la numinosità del loro inafferrabile nucleo di senso. Nessun archetipo era riducibile a semplice formula, perché in sé esisteva solo in potenza, e quando prendeva forma in una determinata materia non era più lo stesso: persisteva attraverso i millenni, ma esigeva sempre nuove interpretazioni. Sebbene fosse quasi impossibile isolare un archetipo dal vivo tessuto dell'anima e dal contesto in cui operava, tuttavia esso era un'unità intuitivamente afferrabile.

Gli archetipi, come contenuti numinosi, non potevano essere integrati razionalmente dalla coscienza, ma solo mediante un confronto, come in un intimo dialogo, pur se non si poteva dire che il processo iniziasse nella coscienza o nell'archetipo, perché questo aveva un certo margine di autonomia e quella una certa libertà creativa.

Quello che, dal 1912 al 1919, Jung aveva detto per l'immagine primordiale, era spostato sull'archetipo, che veniva visto come effetto e sedimentazione di esperienze verificatesi, ma insieme era anche il fattore che causava tali esperienze. Erano, in quanto "immagini originali o primordiali" - dai Tipi psicologici in poi questo termine era sinonimo di archetipo - delle disposizioni funzionali preformate ed ereditarie, dovute alla strutturazione atavica del cervello e che, come condizioni formali o linee direttive tracciate a priori o schemi, assegnavano una determinata struttura alla materia dell'esperienza, escludendo o limitando fortemente le possibilità creative dell'immaginazione, diverse da quelle preformate[68].

Probabilmente, pensava Jung, erano gli stessi archetipi a regolare i comportamenti del mondo animale e a evolversi dagli istinti, in ogni caso erano il fondamento della comunicazione e dell'affinità umane, al di sopra delle differenze storiche e razziali. Egli riteneva infatti che: "*Non si può assolutamente spiegare da dove proviene l'archetipo, perché al di fuori di queste condizioni a priori [gli archetipi stessi] non esiste alcun punto archimedeo*"[69]. Dai contenuti dell'ambiente potevano derivare i contenuti delle rappresentazioni coscienti, ma non gli impulsi verso un ordinamento a carattere archetipico del materiale cosciente, tantomeno le reazioni irrazionali affettive. Erano nodi strutturali della psiche, costituenti invarianti metastoriche.

L'uomo sentiva, secondo Jung, la necessità di caratterizzare ogni suo vissuto interno o moto dell'animo, e di renderlo palese e tangibile, proiettandolo sugli avvenimenti esterni. Ad esempio, il sorgere e tramontare del sole era associato all'agire di una divinità che compiva l'inizio e la fine del ciclo, la nascita e la morte. Alla stessa maniera avveniva per l'Astrologia, che aiutava e spiegare la complessità dell' animo umano, unendo figure mitologiche, pianeti e segni. A tal proposito, Jung scriveva: "*Nel caso dell'Astrologia per esempio, si è giunti addirittura ad accusare di eresia quest'antichissima scientia intuitiva, poiché l'uomo non aveva ancora: portato a termine il processo di separazione della caratterologia psicologica dalle stelle. E chi oggi crede ancora o ritorna a credere nell'Astrologia finisce sovente per ricadere nelle*

---

[68] Cfr. C. G. Jung, *Tipi psicologici*, op. cit., pagg.307-308
[69] C. G. Jung, *Gli archetipi e l'incoscnio collettivo*, op. cit. pag. 71n.

antiche ipotesi superstiziose degli influssi astrali, benché chiunque sia in grado di calcolare un oroscopo dovrebbe sapere che dai tempi di Ipparco di Alessandria l'equinozio di primavera è fissato al grado zero dell'Ariete, e che per conseguenza ogni oroscopo si basa su uno zodiaco arbitrario, poiché, da allora a seguito della precessione degli equinozi, quello di primavera si è spostato a poco a poco verso i primi gradi dei Pesci"[70]

Per comprendere i moti dell'animo umano bastava interpretare le sue costruzioni mitologiche o fiabesche. Ad esempio, per la religione: tanto più la manifestazione religiosa era ricca ed addobbata, tanto più era lontana dall'immagine primitiva, poiché assommava alla rappresentazione archetipica di essa elementi materiali che non le erano funzionali. L'uomo si allontanava dalla propria religione, poiché in essa non trovava più segreti, tutto era spiegato, cadevano i dogmi perché la ragione ne faceva una costruzione quasi plastica. L'Anima era buona perché era naturale che fosse così, il parto verginale perdeva di significato, perciò si cercava in ciò che non si conosceva, in altre religioni, dove vi erano altri segreti o altri moti dell'Anima da comprendere, mentre tutto avveniva nella medesima maniera. Una possibile rappresentazione dell'Anima, scriveva Jung, era la Madre Chiesa. L'inconscio collettivo sboccava nella rappresentazione archetipica del dogma per spiegare i misteri religiosi e lì si fossilizzava nella speranza che nulla più mutasse intorno a lui e tutto fosse certezza; ma era sempre l'uomo che, accorgendosi del *panta-rei*, anelava all'incertezza e si trovava nella condizione di essere come canna al vento.

---

[70] C. G. Jung, Studi sull'Alchimia, op. cit. pag. 298.

Ciò accadeva perché vi era una disgregazione del simbolo, cristiano per noi cristiani, induista per gli induisti e così via, si cercava sempre oltre. Non si poteva però cercare rifugio in altre rappresentazioni archetipiche, frutto della cultura e di un mondo diverso dal nostro, come quello orientale. Jung affermava: "*Sono convinto che il crescente impoverimento di simboli ha un senso, che questo sviluppo ha una sua intima coerenza. Tutto ciò di cui non ci si dava pensiero, e che perciò è rimasto privo di un nesso coerente con la coscienza nella sua evoluzione, è andato perduto. Se cercassimo di coprire la nostra nudità con sfarzo si abiti orientali, come fanno i teosofi, saremmo infedeli alla nostra storia; non ci si riduce prima alla mendicità per poi posare da re indù da teatro. Sarebbe molto meglio, mi sembra, riconoscere decisamente la nostra povertà spirituale, conseguente alla mancanza di simboli, anziché arrogarci un'illusoria ricchezza della quale assolutamente non siamo eredi legittimi. E' ben vero che siamo gli eredi legittimi del simbolismo cristiano, ma abbiamo in certo qual modo sperperato questa eredità. Abbiamo lasciato crollare la casa che i nostri padri hanno costruito e ora cerchiamo di fare irruzione in palazzi orientali che essi non hanno mai conosciuto. Chi ha perduto i simboli storici e non può accontentarsi di "surrogati", si trova oggi, è indubbio, in una situazione difficile: dinanzi a lui si spalanca il nulla, da cui si ritrae impaurito, angosciato*".[71]

---

[71] C. G. Jung. *Gli Archetipi e l'inconscio collettivo*, op. cit. pagg. 13-14

La sincronicità

Prima di parlare della sincronicità è bene accennare al ruolo che occupavano nel pensiero junghiano i concetti di causalità e finalità. La causalità era una prospettiva che non entrava in conflitto con la finalità, la quale da sola, avrebbe reso possibile la comprensione di altre serie di eventi. Mentre la prospettiva causale era legata al meccanicismo, quella finalistica lo era all'energetismo, ma non nel senso teleologico di un'anticipazione del fine, bensì in quello omeostatico che dalla conseguenza risale alla causa per ripristinare l'equilibrio energetico originario. Non si trattava di uno specifico fine, ma della tendenza a un fine, di un senso finale della psiche. Sia l'una che l'altra concezione non dipendevano dal comportamento oggettivo delle cose, quanto dall'atteggiamento psicologico del ricercatore, e potevano complementarmente coesistere se venivano mantenute nella sfera psicologica e solo ipoteticamente proiettate sulle cose con funzione regolativa e non costitutiva. Scriveva Jung che ogni fenomeno permetteva sia l'interpretazione meccanicistico-causale, sia quella energetico-finale, ed era solo l'opportunità, la possibilità di successo a decidere la prevalenza dell'uno o dell'altra. Ma Jung precisava che era particolarmente in biologia e in psicologia che la domanda sulla finalità di un fenomeno era indispensabile per capire il senso del fenomeno stesso[72], e in psicologia la finalità era condizione basilare sia per la comprensione della psiche che per la vita psichica in se stessa. Infatti, nella struttura psichica vivente, nulla ha luogo in

---

[72] Cfr. C. G. Jung, *Gli archetipi e l'inconscio collettivo*, op. cit., pag. 252.

modo meccanico, ma secondo l'economia dell'intero, e di conseguenza si adatta ad esso; vale a dire che tutto ha un fine e un significato, significato che la coscienza, non avendo una visione dell'insieme, di solito non riesce a comprendere. "*Per la psiche la reductio ad causam è il contrario dello sviluppo, blocca la libido ai fatti elementari*"[73], sicché pensare causalmente in psicologia significava capire l'Anima e i suoi prodotti, anche artistici, solo a metà, nella sua parte divenuta, ma se ne ignorava la parte in divenire. Se la concezione causale vedeva l'evento psichico come "fatto", come "accaduto", quella finalistica lo intendeva come "simbolo" e quindi dotato di una forza di trasformazione e di un valore che superava quello insito nella causa.

In primo luogo, parlare di fenomeni paranormali significava muoversi in una direzione in cui spazio e tempo, ma soprattutto quest'ultimo, che rappresentava la possibilità fondante dello spazio, il quale era solo un'esteriorizzazione sensoriale del vissuto temporale, perdevano la loro valenza oggettiva e il loro riferimento alle unità di misura delle scienze empiriche. Certamente spazio e tempo avevano un'evidenza empirica, perché tutto ciò che è percettibile accade come se si svolgesse nello spazio e nel tempo ma, relativizzando sia l'uno che l'altro nell'inconscio, si poteva ben percepire qualcosa che aveva luogo altrove. Lo spazio e il tempo sono la condizione archetipica senza la quale non è possibile la conoscenza del mondo fisico, perciò essa era la condizione psichica ordinatrice per eccellenza, per cui il *continuum* spazio-temporale, nell'ambito della dimensione operativa della coscienza, aveva una

---

[73] C. G. Jung, *Ricordi Sogni Riflessioni*, op. cit., pag. 278.

sua realtà conoscitiva. Ma era l'inconscio, distingueva Jung, ad essere atemporale, e in esso non c'era alcun problema di tempo, perché "*una parte della nostra psiche non è nel tempo e nello spazio. Sono soltanto illusioni, il tempo e lo spazio*"[74], o forse, specificava sempre lo psichiatra svizzero, era meglio dire che l'inconscio aveva un suo tempo proprio, ove ciò che veniva chiamato presente, passato e futuro, era mescolato insieme. La successione degli stati temporali nell'esistenza storica era relativa a una loro contemporaneità nel pleroma umano ove tutto era un processo eterno, processo che si svolgeva nel tempo storico come una sequenza aperiodica, cioè come varianti pregnanti (mitiche) o banali, comunque irregolari, del prototipo pleromatico[75]. In fondo, l'intera esistenza, animale e umana, con i suoi dolori, era solo un illusorio gioco di ombre "*in un mondo unitario, nel mondo di Dio, in una eternità dove tutto era già nato e tutto era già morto*".[76]

Sulla relatività di spazio e tempo risulta importante e chiarificatrice una lettera di Jung del 21 ottobre 1957[77]. Come scienziato, egli affermava di non filosofare oltre i confini dell'esperienza e quindi, anziché affermare che, in linea di principio, spazio e tempo fossero del tutto non-oggettivi, si chiedeva piuttosto a quale livello o in quale mondo essi non fossero più validi. Nel mondo tridimensionale avevano tutta la loro oggettività, ma talora l'esperienza mostrava un loro modo di essere

---

[74] C.G. Jung, *Psicoanalisi e psicologia analitica*, op. cit. pag. 210.
[75] Cfr. C. G. Jung, *Psicologia e Religione*, op. cit., pag. 518.
[76] C.G. Jung, *Ricordi Sogni Riflessioni*, op. cit., pag. 87.
[77] C.G. Jung, *Letters 1906-1950*, Princeton Univesrity Press, Princeton 1973, vol. I, pagg. 398-400

relativamente soggettivo, pur se non era possibile dire a quale livello potessero essere aboliti del tutto. Era probabile, invece, che fosse la psiche a relativizzare nell'ambito dell'esperienza umana, sia lo spazio sia il tempo[78]. Era particolarmente nella parapsicologia, continuava Jung, che appariva come nella psiche operasse un fattore caratterizzato dall'assenza di spazio e tempo, cioè da ubiquità ed eternità: era ciò che la psicologia analitica chiamava archetipo e nel quale tutte le anime individuali si comportavano come se fosse stata una psiche indivisa, l'anima mundi o psiche cosmica. Questa visione, puntualizzava l'Autore, non era metafisica speculativa, ma un "fatto osservabile" che trovava il suo riscontro nelle mitologie e nelle fantasie inconsce. L'esperienza parapsicologica era possibile perché nella psiche collettiva non c'era un "fuori". Jung intendeva affermare che il sentire psichico e la situazione oggettiva non erano l'uno estraneo all'altra, ma erano la stessa cosa, perché ambedue dentro la psiche collettiva (o cosmica, come anche la chiamava): essendo stati aboliti spazio e tempo, in essa i due eventi erano tutt'uno. Nella psiche cosmica "*l'evento ci può solo <<capitare>>, [...] all'interno di quella sfera non siamo noi agenti, ma oggetti mossi*"[79]. In taluni casi paranormali l'archetipo avrebbe potuto essere operante, ma non necessariamente in tutti; era l'*Unus Mundus* ove ciò che si definiva materia e psiche non costituiva più una coppia di incommensurabili, fondamento e supporto delle manifestazioni sincronistiche. Forse era il numero naturale, nella sua doppia

---

[78] Cfr. ivi, pag. 398.
[79] Cfr. Ivi, pagg. 398-399.

dimensione soggettiva e oggettiva, di invenzione e di scoperta, la soluzione del problema. Era appunto la relatività di spazio e tempo a permettere a Jung di render conto dei fenomeni paranormali e di elaborare la sua teoria della sincronicità come spiegazione alternativa alla classica antinomia casualità/causalità. In primo luogo egli riconduceva la magia alla sua valenza psicologica, ossia la intendeva come un abbassamento del livello di coscienza, per cui contenuti psichici, quali complessi autonomi o semiautonomi non integrati, erano proiettati su persone, animali o cose, con un'efficacia oggettiva proporzionale alla sintonia in cui riesce a mettersi l'operatore magico. Magia e paranormale erano prossimi, e il campo del paranormale, già nella tesi pubblicata nel 1902, era fatto coincidere con quello delle visioni, dei sogni e della psicologia patologica, erano quindi frutto di un processo automatico inconscio non accessibile all'attività cosciente. Un'interpretazione teorica del paranormale sarà strutturata da Jung piuttosto tardi, con il saggio "La sincronicità come principio di nessi acausali" (1952), pubblicato in volume assieme ad uno scritto del Nobel per la fisica W. Pauli sulle influenze archetipiche nell'epistemologia di Keplero. Il tema cominciò comunque a prendere forma nella sua mente negli anni Venti, quando conobbe R. Wilhelm e la sua traduzione dell'I-Ching e, nel necrologio (1930) per la morte del sinologo, parlava del tempo come di "*un continuum concreto, che possedeva qualità o condizioni essenziali di base che si sarebbero potute manifestare con relativa simultaneità, in diversi luoghi, con un parallelismo che non si poteva spiegare a livello causale, come succedeva per esempio nei casi in cui si manifestassero simultaneamente un identico pensiero, simbolo o stato psichico"*.[80] Ancora nel 1947, egli scriveva che i fenomeni paranormali richiedevano l'ipotesi di un continuum spazio-temporale psichicamente relativo, in cui contenuti inconsci producevano fenomeni sincronistici finché non veniva superata la soglia della coscienza, il che portava alla perdita della sincronicità, al ritorno di spazio e tempo al loro carattere assoluto, e all'isolamento della coscienza nella sua soggettività.

La sincronicità era legata allo stato inconscio del soggetto (trance) e alla particolare temporalità operante nell'inconscio. In breve, i fenomeni sincronistici erano dovuti, per Jung, all'azione dell'inconscio, in cui tutto era simultaneamente in relazione con tutto: era l'*Unus Mundus*. E' chiaro che alla base di questa formulazione vi era un pensiero di tipo coordinativo, in cui le cose non s'influenzavano per atti di causazione meccanica, ma per una specie di induttanza, quali parti in dipendenza da un mondo-organismo inteso come un Tutto, e in particolare un Tutto senza tempo lineare orientato. Ciò portava l'Autore a inglobare il modo di pensare astrologico nella sincronicità come un suo particolare caso. Per Jung sincronicità significava poter in qualche modo trovare anche tra i fenomeni psichici una successione causale in senso ampio, ma era noto dalla stessa fisica che la causalità era una verità statistica. La sincronicità era una sorta di contemporaneità o coincidenza significativa di uno o più eventi, diversa dalla probabilità casuale. Se la nozione di causalità rappresentava l'usuale connessione tra sequenze uniformi dell'esperienza, "*la*

---

[80] C. G. Jung, *Studi sull'alchimia,* op. cit., pag. 70.

sincronicità invece definisce il parallelismo temporale e significante di eventi psichici e psicofisici che le nostre conoscenze fino a oggi non sono state in grado di ridurre a un principio comune. Il concetto non spiega niente, si limita a formulare il verificarsi di coincidenze significative che in sé sono certo dei casi, ma che posseggono un tal grado d'improbabilità da doversi supporre che esse si basino su un principio o su una proprietà dell'oggetto empirico. Gli eventi paralleli non permettono infatti in linea di principio di riconoscere nessun reciproco nesso di causalità, ragion per cui essi hanno appunto un carattere casuale. L'unico ponte riconoscibile e constatabile tra loro è il senso che hanno in comune (ossia una omogeneità) [...] Sincronicità significa la differenziazione moderna del concetto obsoleto di corrispondenza, simpatia e armonia"[81]. Tutto questo comportava che spazio e tempo fossero psichicamente relativi, in quanto un contenuto percepito dall'osservatore poteva essere contemporaneamente rappresentato anche da un evento esterno, senza che vi fosse connessione causale tra i due eventi, essendo le due serie eterogenee legate dall'esistenza simultanea di omogeneità significative.

    Vi erano esperienze, affermava Jung, che mostravano eventi in relazione non per trasmissione di energia, bensì per una coincidenza temporale, la quale era resa possibile dall'ammissione sia della relativizzazione di spazio e tempo come funzioni psichiche, sia dall'esistenza di archetipi nella loro dimensione psicoide. I casi di coincidenze significative sembravano basarsi su

---

[81] Cfr. C. G. Jung, *La dinamica dell'inconscio*, op. cit., pag. 549

un fondamento archetipico e la sincronicità dell'immagine psichica e dell'evento obiettivo ad essa equivalente, quanto al senso, faceva "*supporre che esista nell'inconscio un che di simile ad una conoscenza a priori o, meglio, una "presenza" a priori svincolata da ogni base causale*".[82] In tutti questi e in analoghi casi che egli aveva analizzato, relativi a eventi esteriori concomitanti a eventi psichici, senza che tra i due ordini ci fosse stato rapporto di causalità, ma solo di senso, permettevano a Jung di affermare che: "*sembra esistere una conoscenza a priori, non spiegabile con argomenti causali, di una situazione di fatto che non poteva esser nota in quel determinato momento. Il fenomeno della sincronicità è quindi la risultante di due fattori:*

> *1) Un'immagine inconscia si presenta direttamente (letteralmente) o indirettamente (simboleggiata o accennata) alla coscienza come segno, idea improvvisa o presentimento;*
> *2) un dato di fatto obiettivo coincide con questo contenuto*

Qui si tocca un punto denso d'ipoteche metafisiche giacché, in queste pagine, Jung sembrava ricondurre ogni operazione magica sotto il concetto della sincronicità ed il potere magico veniva visto come una "preordinazione" in parallelo con la rappresentazione coincidente, per cui "la rappresentazione coincidente [...] rientra quindi tra quelle 'idee che sono indipendenti da noi e che [...] sono

---

[82] Ivi, pag. 469 e 476.

causate da Dio e non sorgono dal proprio pensiero".[83] Mentre nell'esperimento scientifico la risposta era univocamente convogliata verso una situazione artificialmente ristretta al problema posto, nella sincronicità, come accadeva per esempio nell' Astrologia, la natura agiva invece nelle illimitate relazioni della sua totalità. Sia nell'operazione magica sia nella sincronicità, era necessaria una fortissima emotività che, producendo un *abaissement du niveau mental*, relativizzava spazio e tempo, facendo prevalere l'inconscio con conseguente emergenza degli archetipi e partecipazione, tramite la dimensione psicoide, all'inconscio collettivo, dalla cui universalità poteva crescere la possibilità di percepire e conoscere eventi paralleli. La spiegazione sincronistica valeva anche per i miracoli, e la personalità di Cristo "afferra" perché "è afferrata", cioè entrava nel campo di forza di un archetipo[84].

Il problema fondamentale della sincronicità era il Senso, costituente il *tertium comparationis* tra psiche umana ed evento esterno, perché, scriveva Jung, "*ci mancano tutti i mezzi scientifici per stabilire un senso obiettivo che non sia un prodotto puramente psichico*".[85] Questa è l'unica ipotesi che permette di comprendere i fenomeni magici e paranormali senza "*regredire ad una causalità magica e rivendicare alla psiche un potere che supera di molto il suo ambito empirico*"[86]. Anche in una materia che sarebbe sembrata aliena e ostile allo spirito scientifico, Jung sottolineava che egli non

---

[83] Ivi, pag. 478.
[84] Cfr. C. G. Jung, *Letters*, op. cit. pagg. 21-22.
[85] C. G. Jung, *La dinamica dell'inconscio*, op. cit., pag. 505.
[86] *Ibidem*.

era contro la scienza, ma contro la sua assolutizzazione e contro la pretesa di interpretare con la metodologia delle scienze naturali tutti i livelli di realtà. Infatti, tra senso trascendentale (*correspondentia*) degli eventi naturali o legame significativo tra loro e causalità magica (come l'intendeva il primitivo), era da preferirsi il primo perché non entrava in conflitto con il concetto empirico di causalità, ma valeva come un principio *sui generis* che non correggeva i principi riconosciuti validi per interpretare la natura, anzi ne aumentava il numero. Con il concetto di sincronicità, Jung non solo voleva dare la spiegazione di alcuni particolari fenomeni, ma offriva insieme una visione che si può dire metafisica del mondo, tale da ricondurre la molteplicità delle serie fenomeniche fisiche e psichiche a un principio unitario. Per spiegare i fenomeni sincronistici, l'Autore scriveva che si sarebbe dovuto ricorrere al Senso, ma cosa questo fosse in sé, è al di là della possibilità di conoscenza: se ne sarebbe potuto parlare solo mediante un'interpretazione antropomorfa, ma era tuttavia da supporre un senso a priori esistente fuori dalla coscienza, tenendo conto come la sincronicità non fosse soltanto un fenomeno psicofisico, ma in grado di verificarsi anche senza partecipazione della psiche umana. In quest'ultimo caso sarebbe stato però necessario parlare non più di senso, ma di omogeneità o conformità delle o tra le serie.

Si è visto che il concetto di sincronicità non eliminava quello di causalità, ma lo completava; solo quando non c'era causa pensabile con i mezzi intellettivi, in particolare quando spazio e tempo perdevano il loro significato, si poteva infatti parlare di acausalità e, solo quando la reiterazione di coincidenze significative faceva approssimare a zero la probabilità statistica del loro essere puri casi, tali coincidenze potevano essere concepite come sincronistiche. Ciò che per Jung erano le coincidenze significative, lo si può riassumere con un esempio: molte volte ci capita di pensare ad una persona e di vederla apparire proprio in quel momento o di guardare il biglietto del tram e notare che la serie numerica che lo contraddistingue corrisponde alla stessa serie del biglietto del teatro che abbiamo acquistato; sogni notturni che poi si avverano, e altri esempi del genere. A proposito del principio di sincronicità, Jung scriveva ancora: "*Il principio filosofico che sta alla base della nostra concezione della regolarità delle leggi di natura è la causalità. Se il rapporto tra causa ed effetto dimostra di aver solo validità statistica e soltanto una verità relativa, in ultima analisi anche il principio causale può essere applicato solo in misura relativa nell'interpretazione di processi naturali, e presuppone quindi l'esistenza di uno o più fattori diversi che sarebbero necessari ai fini della spiegazione di tali fenomeni. Ciò significa che il legame tra eventi è in certe circostanze di natura diversa da quella causale, ed esige un diverso principio interpretativo.*".[87] La statistica, non potendo dare certezze sulla conoscenza dei fenomeni, come si è visto, ma soltanto probabilità, non considerava una percentuale di avvenimenti che per suo tramite non potevano essere spiegati, ossia le eccezioni o fenomeni acausali. Quello che Jung aveva cercato di fare era dare senso a tali avvenimenti. Sembrava, insomma, che la scienza non fornisse certezze ma probabilità, perciò non era più scienza, intesa in

---

[87] C. G. Jung:La *sincronicità*, trad. it., Bollati-Boringhieri, Torino 1980, pag.14.

termini galileiani. Convinto assertore della comprensione come metodo d'indagine delle scienze umane, al posto della spiegazione, Jung faceva assumere maggiore valore scientifico alla psicologia, perché essa studiava la mente umana, e la sua apparente acausalità. La statistica applicata alla psicologia serviva per dare una definizione quantitativa, relativa a una scala prefissata, dei fenomeni psichici. Ma era proprio il concetto celato dietro la frase: *"relativa ad una scala prefissata"* che Jung aveva cercato di ampliare.

Lo psichiatra svizzero, citava il caso di Kammerer, il quale aveva spiegato la casualità tramite l'inserimento di concetti come le serie statistiche; ma egli riteneva che tale tentativo non aveva fatto altro che forzare avvenimenti acausali in schemi causali, non ottenendo così risposte. Kammerer[88] aveva cercato oltre, ossia serie acausali, ma nessun risultato era stato ottenuto, forse perché i tempi non erano ancora maturi per una tale scoperta, però il merito era di aver avuto l'intuizione.

Ciò che aveva rivoluzionato la concezione causale degli avvenimenti succitati - avvertiva allora Jung - erano stati gli esperimenti di Rhine, che avevano evidenziato come la "precognizione", o fenomeni di preveggenza, fosse non un fatto energetico, quindi dipendente dallo spazio e dal tempo, ma fuori di essi. Questi esperimenti avevano dimostrato che, se un soggetto sapeva quello che un altro soggetto era in procinto di dirgli, non voleva dire che egli pensasse a quella determinata cosa, ma la spiegazione era oltre lo spazio in cui si trovava e il tempo in cui

---

[88] Cfr. P. Kammerer, *Das Gesetz der Serie,* Stuttgart und Berlin 1919,

viveva, era quindi nell'inconscio collettivo, tra gli archetipi. Per Jung, dunque, si viveva in un mondo dove un oggetto qualsiasi, un gesto, una persona, assumevano un forte valore simbolico: tutto rimandava a tutto. Potenzialmente, ogni uomo poteva sapere ogni cosa sia del passato sia del futuro, poiché l'inconscio collettivo si dispiegava in tutta la sua infinità, ma il momento in cui l'archetipo si temporalizzava, si faceva rappresentazione, era sconosciuto e ancora inspiegato. Si poteva solo cercare di risvegliarlo tramite dei simboli, cosa che avevano tentato di realizzare la magia, l'alchimia, la cabala e l'Astrologia, proprio tutto quello che la razionalità umana sfuggiva. L'uomo aveva sempre cercato di spiegare con questi mezzi se stesso e il motivo della sua appartenenza alla Natura e, il più delle volte, si era perso nella materialità dei fenomeni dimenticando, invece, il forte valore spirituale di queste "discipline". Per testare la validità del concetto sincronistico, Jung aveva condotto degli esperimenti statistici in campo astrologico, i cui risultati non erano stati dei migliori dal punto di vista prettamente matematico. Ciò, però, non aveva spaventato Jung, che, invece, era stato colpito da altri eventi, come, per esempio, il raggrupparsi di determinati aspetti astrologici (sincronicità), definiti dalla tradizione come pregnanti e dotati di un certo valore, che avevano luogo pur se contro ogni probabilità statistica. Altro elemento importante è che i fenomeni di sincronicità, come si era potuto apprezzare negli esperimenti di Rhine e dello stesso Jung, avvenivano quando vi era una stretta connessione con l'emotività umana, quindi nel momento in cui vi era una disponibilità inconscia e ,come già affermato, abbassamento *du niveau mental*.

La sincronicità era la legge che legava l'inconscio collettivo alla realtà conscia e segnava il passaggio dall'archetipo alla sua rappresentazione. Per l'Astrologia, quindi, avveniva la medesima cosa. I mitologemi connessi a questa disciplina facevano risvegliare, in colui il quale li studiava o in chi si recava dall'astrologo, il meccanismo di proiezione, cioè: la Luna e il Sole dell'oroscopo sarebbero stati, archetipicamente parlando, Anima e Animus[89], e così via. Perciò, nella consultazione, sarebbe bastato creare la giusta tensione emotiva e la psiche del soggetto analizzato si sarebbe aperta all'astrologo[90]. L'esperimento condotto da Jung era atto a scoprire se vi fossero state delle correlazioni, tra gli aspetti astrologici, considerati dalla tradizione importanti, nell'oroscopo di persone sposate. Solo che Jung non aveva considerato che, per fare ciò, bisognava comprendere le caratteristiche psicologiche di entrambi i soggetti facenti parte della coppia, poiché in un rapporto a due subentrano funzioni compensative. Quando, invece, erano stati condotti esperimenti da uno studioso dell'Astrologia, Michel Gauquelin, questa volta su una comunità di individui accomunati da una medesima qualità (3305 scienziati, 993 politici, 1485 sportivi e 3142 militari), la statistica era venuta, inaspettatamente, in aiuto dell'Astrologia mostrando che i pianeti connessi con tali attività, avevano un ruolo di rilievo all'interno dei singoli cieli natali. Dopo queste prove, lo

---

[89] N.d.A: *generalizzo senza entrare nel dettaglio astrologico di come si possano indviduare in un tema perché non è l'argomento del presente lavoro*

[90] Cfr. Rudhyar D.,*L 'Astrologia e la psiche moderna,* Astrolabio, Roma 1992, pag. 48

psicoanalista e astrologo A. Barbault ha scritto: "*esiste un statuto fondato sulle probabilità che ci autorizza ad affermare l'esistenza si un influsso astrale sulla natura e sul destino dell'uomo. [...]Il problema di sapere se i risultati ottenuti possano essere riportati a una fluttuazione aleatoria non si pone più, neppure agli occhi di grandi specialisti come J. M. Faverge, professore di statistica alla Sorbona, E. Tornier professore onorario di calcolo delle probabilità all' Università di Berlino, e Jean Porte, dell' istituto nazionale di statistica.*" [91]

Il principio di sincronicità era qui presente come nell'esperimento junghiano, ma lo si coglieva immediatamente poiché la sperimentazione era stata preparata *ad hoc* sul principio cardine dell'Astrologia: il simbolismo.

Secondo Jung, l'Anima, propria di ciascun uomo, creava continuamente i simboli per poter esprimere contenuti interiori che sicuramente non sarebbero stati manifestati, tanto essi risultavano talvolta complessi e misteriosi. Appare chiaro che la vita non poteva essere vissuta ed espressa nella sua più intima profondità, anche inconscia, se non fossero venuti in soccorso i simboli. E proprio grazie al loro ausilio era possibile tradurre in linguaggio, quello che l'uomo sentiva nella propria interiorità. Il simbolo, dunque, era l'immagine che l'uomo creava di un proprio contenuto interiore che trascendeva la coscienza[92]. Nel caso dell'Astrologia, il simbolo racchiuso nello zodiaco e nei pianeti, era il punto

---

[91] Cfr. A. Barbault, "*Dalla Psicanalisi all'Astrologia*" Ed. Nuovi Orizzonti, Roma 1988, pag. 110.
[92] Cfr. Roberto Sicuteri, "*Astrologia e Mito*", Astrolabio

d'incontro fra il mondo psicologico, spirituale dell'uomo (microcosmo) e l'universo degli astri (macrocosmo).

Ciò che l'uomo sentiva in sé, lo raffigurava nell'immagine di un simbolo astrale e lo proiettava, lo ribaltava cioè, nel cielo, nella fattispecie delle costellazioni e dei pianeti, cui venivano attribuite leggi e funzioni. Ad esempio, nelle epoche remote, il fulmine era stato sentito come il simbolo della volontà o dell'ira divina: in questo caso la forza, la legge superiore implicita nella coscienza umana, era stata "proiettata" per usare un termine psicoanalitico, nel cielo, fuori dalla coscienza, dunque, nuovamente accolta come espressione del volere divino.

Il rapporto simbolico micro-macrocosmico, in questo caso, come per il fatto astrologico, era sempre un' operazione umana, quindi appartenente alla sua psicologia. Ha scritto Sicuteri : *"E' l'uomo che crea i simboli; e che li fa vivere e gli attribuisce valore e significato, sul piano dell'immaginale."* [93]. Un ramoscello di ulivo non aveva in sé davvero alcun potere di dare pace, ma esso, se in mano all'uomo, esprimeva pacificazione, concordia: ecco il simbolo trasmettere un determinato messaggio che veniva ricevuto da chi vedeva il ramoscello d'ulivo. Ugualmente accadeva per il simbolo astrologico: non erano gli astri ad avere un potere diretto, ma il potere era sprigionato dalle attribuzioni simboliche che l'uomo conferiva e aveva conferito agli astri e alle costellazioni, considerati come archetipi, che avevano mantenuto, probabilmente, i contenuti delle rappresentazioni.

---

[93] Ivi, pag. 12

La parola "simbolo" deriva dal greco *symbolon*, mediante la fusione di *syn* e *ballein*, che sono etimologicamente elementi eterogenei, parti antitetiche, legate intimamente in uno stesso insieme che ne definisce il contenuto e il segno percettibile. Nella struttura della parola, *symbolon* significa che una espressione può sostituire l'altra per facilitare una formulazione figurativa immediatamente comprensibile. Proprio Freud e Jung avevano restituito al linguaggio simbolico tutto il suo valore dinamico attraverso la tecnica psicoanalitica.

A proposito del simbolo, J. J. Bachofen scriveva: "*Il simbolo desta presagi, il linguaggio può soltanto spiegare. Il simbolo spinge le sue radici fin nelle più segrete profondità dell'anima, il linguaggio sfiora la superficie della comprensione come un alito silenzioso di vento... Soltanto il simbolo riesce a combinare gli elementi più diversi in una impressione unitaria ... Le parole rendono finito l'infinito, i simboli portano lo spirito oltre i confini del finito, del diveniente, nel regno dell'essere infinito. Essi diventano suggestioni, sono segni dell'ineffabile e inesauribili come questo*"[94].

F. Creuzer spiegava qualcosa di analogo: "*Il simbolo può, in un certo senso, render visibile anche il divino. E' una sorgente esuberante di idee vive che si agita in esso... Chiamiamo simboli queste espressioni supreme della facoltà di formazione delle immagini*"[95].

---

[94] *1*. J. Bachofen, *Versuch ilber die Grabersymbolik der Alten in K Marx*, Stuttgart 1953, pag. 53.
F. Creuzer, sta in *1*. Jacobi: *Complesso, Archetipo, Simbolo,* trad. it., Boringhieri, Torino 1971, pag. 75.

Anche nei simboli astrologici si dovevano, secondo Jung, sempre cercare i contenuti e i significati latenti. Lo studio dei simboli da lui condotto restituiva a tali contenuti una gamma di funzioni molto suggestiva. I simboli erano così una specie di fenomeno numinoso, energetico e radiante, che esercitava una forte influenza sulla psiche conscia. Egli affermava quanto segue: "*una concezione che definisce l'espressione simbolica come la migliore possibile e quindi come la formulazione più chiara e caratteristica che si possa enunciare per il momento, di una cosa relativamente sconosciuta, è simbolica*"[96] Il simbolo univa ciò che era stato separato, integrava conscio e inconscio, e proprio il suo sgorgare dal profondo lo distingueva dal segno, unico e convenzionale, e dall'allegoria, parafrasi di un contenuto cosciente: la sua possibilità di mediazione era dovuta alla matrice per eccellenza del simbolico, la fantasia creatrice, la quale aveva una posizione intermedia tra le divisioni e le opposizioni della coscienza e la totalità indefinibile dell'inconscio. "*I simboli - si esprimeva Jung – sono tentativi naturali di superare il divario, spesso profondo, fra gli opposti" e, poiché la tensione fra gli opposti rappresentava un potenziale che poteva in ogni momento esprimersi in una manifestazione di energia, il simbolo proiettato su un evento, un uomo, un'idea poteva far di questi un numinosum, dotandolo di forze mitiche.*"

Il significato psicologico del simbolo, il suo significato individuativo, ogni volta che era compreso, stava nel compensare e integrare, ma essendo immagine archetipica numinosa esso esercitava una certa azione, anche se non veniva compreso

---

[96] C. G. Jung, *Tipi psicologici*, op. cit., pag. 484.

razionalmente nel senso della totalità, un atteggiamento della coscienza più o meno inadeguato, giacché essa non adempiva al suo scopo.

Il simbolo nella sua unità implicava l'identità degli opposti, come il *lapis philosophorum* alchemico che aveva natura duplice, giacché polarità e unione degli opposti al tempo stesso. Il simbolo esprimeva, per via analogica, l'ignoto che era nel mondo e nell'uomo, era l'espressione antropomorfica, quindi limitata e relativa, di un contenuto sovrumano, soltanto parzialmente comprensibile: era la migliore espressione possibile del mistero che esso contrassegnava, secondo le particolari modalità della coscienza che lo rendeva significante, pur rimanendone tuttavia ad un livello irrimediabilmente inferiore. Esso esprimeva l'identità psichica tra ciò che era ignoto nell'uomo e ciò che era ignoto nella cosa; per questo i simboli nascevano come "manifestazioni involontarie e spontanee" diverse dal segno. Infatti, non si poteva dare forma simbolica a un pensiero razionale deliberato, che per quanto lo si rivestisse di orpelli fantastici, sarebbe rimasto sempre un segno, legato al pensiero conscio da cui derivava, e non sarebbe mai stato un simbolo suggerente qualcosa non ancora conosciuta.

Il simbolo, poiché tale, non celava altro da sé, non doveva esser spiegato mediante un rimando a qualche altra cosa, ad un'altra immagine, che a sua volta sarebbe divenuta un altro simbolo bisognoso di spiegazione. Il simbolo moriva quando il processo inconscio non era più sufficientemente espresso dal simbolo tradizionale, ma già Jung aveva detto che esso era svuotato e periva se l'energia libidica che ne era alla base veniva fatta

defluire verso un impiego diretto e nuovi simboli più efficaci dovevano sostituire i vecchi, ormai "risolti" dall'analisi intellettuale e da una recente comprensione. Poiché i processi psichici erano sempre processi energetici retti dal principio di equivalenza, vale a dire dalla possibilità di un certo quantum energetico, da una forma a un'altra, l'energia pulsionale del profondo veniva traslata su un analogo dell'oggetto pulsionale, imbrigliata e domata sino a farne un mezzo di sviluppo psichico. "*la macchina psicologica che trasforma l'energia è il simbolo*"[97]. Il simbolo esprimeva l'istinto religioso alla totalità, le cui componenti mutavano, secondo il temperamento e le premesse soggettive individuali, dall'aspetto meramente istintuale a quello puramente spirituale e, data questa tendenza alla totalità e al superamento dell'opposizione tra coscienza e inconscio, il simbolo recava, germinalmente dentro, qualcosa del Sé. Per questo, scriveva Jung, "*la visione del simbolo significa un accenno al corso ulteriore della vita, un' attrazione della libido verso una meta ancora lontana*", e questo era il valore ed il senso del simbolo che, in quanto forza finalistica della vita, era sempre situato in una dimensione religiosa.[98] Il simbolo rimandava, quanto al senso, a una sfera inconscia che non poteva mai essere definita con precisione o compiutamente spiegata e "*esplorando il simbolo, la psiche veniva infine attratta verso idee di natura trascendente che costringevano la ragione a capitolare*"[99].
A. Barbault, a proposito ha scritto: "*Il simbolo rivela certi aspetti*

---

[97] Cfr. C. G. Jung, *Studi sull'alchimia*, op. cit., pag. 323-324.
[98] C. G. Jung, *Tipipsicologici*, op. cit., pagg.132-133.
[99] C. G. Jung, *Psicoanalisi epsicologia analitica*, op. cit., pag. 227.

della realtà - i più profondi - che sfidano qualunque altro mezzo di conoscenza. Immagini e simboli non sono creazioni irresponsabili della psiche; essi rispondono a una necessità e svolgono una funzione: quella di mettere a nudo le più segrete modalità dell'essere. Possiamo mascherarli, mutilarli o degradarli, ma non sarà mai possibile estirparli; nel subconscio dell'uomo moderno sopravvive una mitologia sempre crescente che non scompare mai dall'attualità psichica; simboli e miti possono cambiare aspetto ma la loro funzione resta la stessa: si tratta soltanto di togliere le nuove maschere. Ora, se nella psicologia moderna il simbolismo è divenuto improvvisamente un problema essenziale della conoscenza dello psichismo umano, questo simbolismo è da sempre alla base dell'Astrologia".[100] E' lecito, allora, pensare che i simboli astrologici (cioè i segni zodiacali, gli astri, le case oroscopiche, gli aspetti, ecc...) calati nell'immenso tessuto del discorso analogico e sincronistico, siano i più energetici e duraturi sul piano psichico, capaci di suscitare ancora oggi in tanti uomini le più disparate reazioni. In favore di tali considerazioni ha commentato ancora Sicuteri: "*La lettura del grafico oroscopico infatti, agisce in profondità soltanto attraverso il tempo e soltanto dopo ripetute interpretazioni ed elaborazioni dei suoi simboli, in modo da suscitare le più profonde emozioni inconsce ed agganciare le formazioni archetipiche. Si deve poi considerare il contenuto archetipico dell'Astrologia quale espressione delle possibilità latenti in ogni oroscopo (ma in sostanza è l'individuo stesso che si <<legge>> o si riflette nell'oroscopo). La possibilità, cioè, che*

---

[100] A. Barbault, *Dalla Psicoanalisi all'Astrologia*, op. cit., pag. 96.

l'oroscopo, mediante l'interpretazione della sua struttura simbolica, sappia suscitare nel soggetto un potenziale di energie psichiche sino allora ignorate."[101]

Jung diceva a proposito dell'archetipo che "*non è solo immagine come tale, ma nello stesso tempo anche un dinamismo il quale si manifesta nella numinosità, nella forza affascinante dell'immagine archetipica... La pulsione ha due aspetti; da un lato è esperita come dinamismo fisiologico, mentre dall'altro lato le sue molteplici forme entrano nella coscienza come immagini e gruppi di immagini e sviluppano effetti luminosi*".[102] Riferendosi al linguaggio astrologico, Sicuteri ha notato che i simboli si raggruppano per formare un discorso e attivano un dinamismo capace di suscitare formazioni archetipiche oltre il livello di acquisizione razionale mentale, per accedere agli strati più inconsci, dove le immagini e i simboli operano attraverso il tempo, per poi modificare l'atteggiamento conscio del soggetto.

Chiarito il significato e la funzione del simbolo e dell'immagine archetipica, si comprende come i simboli astrologici nel campo della psicologia siano capaci di stimolare la realtà interiore fino nelle sue strutture profonde, ponendo l'uomo stesso in relazione con gli oggetti proiettati all'esterno, nella fattispecie planetaria (rapporto fra microcosmo e macrocosmo). Tali simboli, con le rispettive molteplici attribuzioni psicologiche e mitologiche, si riferiscono alla vita totale del l'uomo, costituendo quindi un

---

[101] R. Sicuteri, *Astrologia e Mito,* op. cit., pagg. 13-14.
[102] C. G. Jung, *La dinamica dell'inconscio,* op. cit., pag. 77.

processo psicologico fondamentale che si ritrova alla base di tutte le manifestazioni psichiche. I modi di pensare o sentire in chiave astrologica erano quasi "primitivi" ed empirici se li si considerava simbolicamente dal punto di vista ontogenetico e filogenetico. Così, per fare un esempio, i simboli astrologici del Sole, della Luna, di Nettuno o di Marte, che suscitare tutto un mondo di miti e storie, riattivavano anche il simbolismo archetipico più arcaico, originario, a livello di linguaggio e di processo ideativo. Basti pensare che il simbolo del Sole fosse capace di suscitare il "ricordo" archetipico della forza vitale, del principio divino, del Dio stesso. Infatti, del mito Jung scriveva che era reale perché non era per nulla detto che i processi della fantasia non rappresentassero un dato oggettivo, tanto più che erano fondati sull'istinto che era un fatto naturale, ossia oggettivo. Il mito si avvaleva del materiale esterno come processi meteorologici o astronomici, ma perché materiale espressivo delle determinanti psichiche interne; infatti, come si è espresso Rocci, i fenomeni della natura comparivano sì nel mito, ma quanto meno in veste allegorica, il che indicava che la psiche, e la struttura cerebrale che ne era il *pendant* biologico, non derivavano esclusivamente dall'azione ambientale, ma rappresentavano una proprietà specifica e autonoma della materia vivente.[103]

L'immagine primordiale era da una parte riferibile a processi naturali sempre rinnovantisi, dall'altra a determinate disposizioni interiori della vita spirituale, anzi della vita in genere. L'eterno serbatoio del mito era l'inconscio collettivo, che non constava

---

[103] Cfr. G. Rocci, C. G. Jung e il suo daìmon, op. cit. pagg. 161-162.

d'idee, bensì di disposizioni innate a produrre immagini e strutture coordinate secondo un modello altrettanto innato di comportamento.

Jung e l'Astrologia

Ho cercato di evidenziare tra le lettere e gli scritti junghiani quelli che sono in relazione diretta con l'Astrologia, ma leggendo io materiale raccolto da Enzo Barillà e il lavoro di Lioba Kirfel Barillà, ho ritenuto opportuno, con il loro gentilissimo consenso, pubblicare gli scritti per intero all'interno del mio libro, poiché sono completi ed esaustivi e io non avrei avuto altro da aggiungere, sposando in toto il punto di vista di Enzo e Lioba. Come si evincerà dai capitoli seguenti, appare evidentissimo l'interesse di C. G. Jung per l'Astrologia, così come il rispetto provato nei confronti di una disciplina che, ancora oggi, viene irrisa da molti.

Jung e l'Astrologia, dall'epistolario

Ringrazio Lioba Kirfel Barillà, attenta studiosa delle opere e del carteggio junghiano, per la parte che ripropongo di seguito [104]:

<<Il lettore italiano trova un riassunto delle lettere di Jung, nelle quali viene trattato l'argomento "Astrologia" nel libro di Aldo Carotenuto *Jung e la cultura italiana*[105] che esaminò l'epistolario dal 1911 al 1958, basandosi sull'edizione inglese, pubblicata dalla Princeton University Press. Carotenuto dà ai lettori un giudizio complessivo sulla posizione di Jung nei confronti dell'Astrologia, citando alcune frasi direttamente dalle lettere, limitandosi però ad un commento.

Il suo studio comincia così: "*Nell'epistolario ci sono ben 23 lettere, dal 1911 al 1958, che hanno come argomento l'Astrologia, ed in nessuna di esse, come è stato tentato di far credere, Jung manifesta la sua adesione all'Astrologia.*"[106] L'esposizione finisce con la seguente conclusione : " *... ci sembra chiaro che Jung abbia considerato l'Astrologia come un argomento da studiare per le implicazioni psicologiche, così come si studiano le memorie dei mistici o dei grandi ispirati. Niente di più. Voler quindi confondere l'interesse di Jung per l'Astrologia con una rivalutazione implicita di essa è pura idiozia, come lo sarebbe se un virologo fosse anche considerato un untore. Che qualche povero uomo o povera donna, consultando un astrologo, tragga un certo sollievo, non dice nulla a proposito della validità dell'Astrologia. Chi si rivolge all'Astrologia è probabilmente in grave crisi psicologica e come tale soggetto a qualsiasi pratica suggestiva.*"[107]

Carotenuto dimostra quindi non soltanto una forte avversione contro l'Astrologia, ma ritiene anche che Jung è stato altrettanto critico e distante nei confronti dell'argomento, non volendo compromettere la sua

---

[104] http://www.enzobarilla.eu/
[105] Carotenuto, Aldo : *Jung e la cultura italiana*. Astrolabio, Roma 1977
[106] ibidem, p. 117.
[107] ibidem, p. 119.

fama di scienziato con una materia tanto poco scientifica come l'Astrologia.

A mio avviso Carotenuto evidenzia una posizione piena di pregiudizi e poco differenziata in materia astrologica, oltre ad attribuire a Jung un giudizio poco convincente o perfino negativo. Leggendo le lettere junghiane non si può certo dire che l'Astrologia è stata l'argomento principale delle sue ricerche psicologiche; tuttavia è un quesito che dal 1911 al 1960 torna regolarmente nell'epistolario, concludendosi con la pubblicazione del libro sulla sincronicità (1952) in cui l'Astrologia viene trattata ampiamente, il che dimostra che l'argomento ha avuto un posto non insignificante nella ricerca junghiana.

Ho fatto la stessa analisi di Carotenuto, basandomi però sulle lettere originali, pubblicate in lingua tedesca da Walter Verlag, Olten. Segue la mia traduzione delle lettere di Jung sul tema "Astrologia", citando le parti più significative ed esaurienti delle lettere stesse.

Al Prof. Sigmund Freud 12 - VI – 1911

"[...] Di sera sono molto impegnato con l'Astrologia. Sto facendo dei calcoli oroscopici per rintracciarvi il grado di verità psicologica. Fino adesso ci sono alcune cose strane che a Lei sicuramente devono sembrar incredibili. Nel caso di una signora, il calcolo delle costellazioni dava un'immagine caratterologica molto specifica con vari eventi precisi, ma che non appartenevano a lei, ma a sua madre; da lei tale caratteristica corrispondeva perfettamente. La signora soffre di un fortissimo complesso materno. Devo dire che nell'Astrologia un giorno si potrà scoprire una grande parte della conoscenza di modi intuitivi che è finita nel cielo. Sembra per esempio che i segni zodiacali sono immagini caratteriali, cioè simboli della libido, che rappresentano le caratteristiche libidiche tipiche..."

Al dott. L. Oswald 8 - XII – 1928

"*[...] Lei fa bene a supporre che io considero l'Astrologia come un movimento simile alla teosofia che cerca di accontentare la irrazionale bramosia di conoscenza, portandoci però su una strada errata. L'Astrologia si trova davanti alle porte dell'università, vedi il caso di un professore di Tubinga che si è sviato per l'Astrologia e che ha tenuto un corso di Astrologia all'università di Cardiff l'anno scorso. L'Astrologia non è semplicemente una superstizione ma contiene certi dati di fatto psicologici (come anche la teosofia) che non sono di poca importanza. L'Astrologia in verità non ha niente a che fare con gli astri, ma è la psicologia millenaria (5000 anni) dell'antichità e del medioevo. Purtroppo in questa lettera non posso fornire prove o spiegazioni. ... Ma in tutti quei campi strani c'è qualcosa che vale la pena di conoscere e che oggigiorno il razionalismo velocemente ha messo da parte. Questo "qualcosa" è la psicologia proiettata...*"

Al dott. Baur 29 - I – 1934

argomento : i calcoli astronomici non corrispondono a quelli astrologici

"*[...] Il fatto che l'Astrologia fornisce tuttavia dei risultati validi prova che non sono le supposte posizioni degli astri che hanno un influsso, ma i periodi che vengono misurati oppure determinati tramite posizioni celesti arbitrariamente denominate. Perciò, il tempo risulta come un flusso di eventi carico di qualità e non come una concezione astratta oppure una condizione di ricognizione come vorrebbe la nostra filosofia. La validità dei risultati dell'I Cing indica nella stessa direzione. Un'analisi accurata dell'inconscio mostra una particolare coincidenza con il tempo che è anche un motivo per cui gli antichi potevano proiettare la cronologia dei contenuti inconsci e percepirli interiormente nelle indicazioni temporali di tipo astronomico. Questo dato di fatto è la base per il collegamento di eventi psichici con una indicazione temporale. Non si tratta quindi di un collegamento indiretto, come Lei presume, ma di un collegamento diretto.*"

Al Prof. J. B. Rhine novembre 1945
Duke University
"*Considero la parapsicologia un ramo o una disciplina della psicologia generale, o più specificamente della psicologia dell'inconscio. La psicologia dell'inconscio può dire molto sul rapporto spirito-corpo. La parapsicologia è in grado di dare prova dell'esistenza dei fenomeni fisiologici che hanno un influsso sugli oggetti materiali, oppure fanno apparire corpi fisici in posti dove prima non c'erano e dove non c'era una simile materia. Così la parapsicologia può chiarire il problema sul modo in cui il vivente viene formato e permanentemente riformato dalla psiche inconscia.*

Innanzitutto la parapsicologia ha dimostrato che la psiche possiede un aspetto di tempo e spazio relativi."

Posso spiegare la percezione extrasensoriale solamente con la ipotesi di lavoro della relatività di tempo e di spazio...

Nella misura in cui la relatività di tempo e di spazio include la relatività della causalità e la psiche fa parte della relatività tempo-spazio, anche la causalità è soggetta al principio di relatività; e in quanto è microfisica, possiede una indipendenza almeno relativa dalla causalità assoluta. ...

Dal punto di vista psicologico la percezione extrasensoriale è una manifestazione dell'inconscio collettivo. Questa specifica psiche si comporta come ci fosse una (psiche) e non come fosse divisa in tante anime individuali. È non-personale (la definisco una psiche oggettiva). È dappertutto e in tutti i tempi la stessa (se non fosse così, non esisterebbe la psicologia comparata).

Siccome la psiche oggettiva non è limitata ad una persona, non viene nemmeno limitata ad un corpo. Si manifesta quindi non soltanto negli uomini, ma nello stesso tempo negli animali e perfino negli oggetti fisici (vedi l'I Ching e gli oroscopi del carattere). Questi ultimi fenomeni li definisco come la sincronicità di eventi archetipici."

Al Prof. B. V. Raman (India) 6 - IX – 1947
"*Nelle diagnosi psicologiche difficili faccio spesso fare un oroscopo per acquistare un altro, nuovo punto di vista. In molti casi i dati astrologici contenevano una spiegazione per certi fatti che altrimenti non avrei capito. Da tali esperienze dedussi che l'Astrologia è di particolare interesse per lo psicologo. Si basa su un fatto dell'esperienza psichica che chiamiamo "proiezioni", cioè sono per così dire contenuti psichici che troviamo nelle costellazioni degli astri. Originariamente nacque così l'idea che questi contenuti venivano dagli astri, mentre sono semplicemente in un rapporto sincronistico*"

Alla dott.ssa Aniela Jaffé 8 - IX – 1951
"*[...] L'Astrologia non è un metodo mantico, ma sembra di basarsi su radiazioni di protoni (dal sole). Devo fare un esperimento statistico per esserne sicuro.*"

Al prof. John Thorburn 6 - II – 1952
"*[...] Mi ha interessato molto ciò che scrive sui suoi interessi astrologici. Negli ultimi anni me ne sono occupato molto come anche di problemi aderenti e credo che l'argomento mi tiene ancora in qualche modo occupato, cioè il mio inconscio si aggira attorno al problema del tempo. Però non sono in grado di dire precisamente che cosa ne penso; di tanto in tanto acchiappo un scintilla di quello che "esso" ne pensa. In qualche modo è collegato con il tema discusso ultimamente dalla Society for Psychical Research. Un dott. G. R. Smythies proponeva una nuova teoria sullo spazio assoluto o dello spazio-tempo assoluto.*"

Al Prof. Bender 12 - II – 1958
argomento : libro sulla sincronicità
"*[...] Il fenomeno sincronistico del mio esperimento consiste nel fatto che in tutti e tre i pacchetti l'aspettativa classica dell'Astrologia è risultata vera; ciò rappresenta una improbabilità estremamente grande, sebbene le varie cifre non sono significative. In linea di principio un tale risultato non ha niente a che fare con l'Astrologia, ma potrebbe*

accadere eventualmente con un statistica qualsiasi. Poiché l'esperimento astrologico è per tutta la sua natura un colpo di fortuna; se non fosse così sarebbe casuale. Probabilmente lo è però soltanto in minima parte. ... Lo psicologo che si occupa di processi nell'inconscio sa che tali strani "casi" preferibilmente accadono nell'ambito delle condizioni archetipiche e che spesso una disposizione psichica interiore sembra essere rappresentata da una disposizione parallela che accade nello stesso momento senza che ci sia una dipendenza casuale, in una persona oppure in un animale oppure in un evento. ... Perciò sarebbe meglio (...) riunire tutti i fenomeni che oltrepassano il limite della probabilità sotto l'unico aspetto del significativo colpo di fortuna e di analizzare in quali condizioni emotive tali coincidenze appaiono.

[...] La mia impostazione mira alle condizioni psichiche del loro apparire, e rinuncio ad una spiegazione energetica semi-fisica."

Al Prof. Hans Bender 10 - IV – 1958

"[...]_Una spiegazione del fenomeno astrologico è infatti una faccenda difficile. Non sono affatto tentato di dare una spiegazione "o ... oppure". Uso dire : "sia ... sia" e "oppure". Questo. Questo mi sembra anche il caso dell'Astrologia. La cosa più ovvia mi sembra, come Lei appunto giustamente sottolinea, il concetto parallelistico. Coincide con la teoria Geulinex-Leibniz sulle corrispondenze collaterali, formulata molto chiaramente da Schopenhauer. (...).

La critica che oppongo a questa teoria è che presuppone una rigida causalità, cioè si basa su una causalità assiomatica. Perciò dovrebbe essere (la corrispondenza parallelistica) regolare. Ma questo è soltanto in un certo modo il caso con numeri molto alti, come ha dimostrato Rhine.

... Il concetto della sincronicità rinuncia a questa "harmonia praestabilita" cioè ad un parallelismo per il motivo che, se si trattasse di quest'ultimo principio, dovrebbe esistere un numero di corrispondenze molto più alto che dovrebbe apparire più regolarmente di quanto in verità accada. ... Anche se non possiamo immaginarci un

legame causale e quindi necessario tra un evento e una sua determinazione temporale (l'oroscopo), pare comunque che esista un tale collegamento, poiché ci si basa su una summenzionata interpretazione dell'oroscopo, che presuppone e motiva una certa regolarità del fenomeno. Se quindi attribuiamo anche soltanto un limitato senso all'oroscopo, confermiamo già un presente collegamento necessario fra evento e costellazione astrale.

C'è da aggiungere che l'intera determinazione temporale nell'Astrologia non corrisponde a nessuna costellazione astrale vera, siccome il punto vernale si è già spostato da lungo tempo dall'Ariete nei Pesci, e che da Ipparco in poi il punto vernale è stato fissato artificialmente a Zero gradi dell'Ariete. La distribuzione delle case è però del tutto fittizia, e quindi è da scartare la possibilità di un collegamento causale con le varie posizioni degli astri e abbiamo a che fare con una determinazione temporale puramente simbolica. Tuttavia rimane la distribuzione generale delle varie stagioni, un fatto importante per l'oroscopo. Poi ci sono per esempio le nascite primaverili ed autunnali che hanno un ruolo particolare nel mondo degli animali. Ci sono anche, oltre agli influssi stagionali, le variabili delle radiazioni dei protoni che hanno, come è stato dimostrato, un notevole influsso sulla vita umana. Sono tutti influssi spiegabili causalmente che parlano a favore dell'esistenza di un collegamento astrologico regolare. Perciò sono tentato, quando è il caso, di includere l'Astrologia fra le scienze naturali.

Ma d'altra parte risultano dall'osservazione astrologica anche dei casi in cui si esita a riconoscere valida una spiegazione puramente causale. Per conto mio, in tali casi di previsioni straordinari, ho l'impressione che si tratti di un colpo di fortuna significativo, cioè una coincidenza perché una previsione mi sembra sforzare la possibilità di una spiegazione causale per motivo della sua estrema improbabilità; di conseguenza vorrei prendere in considerazione la spiegazione del principio di sincronicità.

[...] Come già ribadito, l'Astrologia sembra richiedere varie ipotesi e non sono in grado di dichiararmi per l'una o l'altra. Bisognerà rifugiarsi in una spiegazione mista, visto che la natura non si preoccupa di tenere troppo separati ed in ordine i concetti intellettuali che noi usiamo."

A Stephen Abrams 5 - III - 1959
Parapsychology Society, Chicago

"[...] L'unica cosa che posso dire è che nella maggior parte dei casi sincronistici è costellato un archetipo. Questo è il massimo che posso dire sulla psicologia della sincronicità. L'archetipo ha, come i numeri naturali, la particolare qualità di essere da una parte un fenomeno soggettivo psichico, e dall'altra parte di possedere un'esistenza oggettiva. Come esistono equazioni che concordano a posteriori con fatti naturali, così esistono anche fatti naturali che concordano a posteriori con delle immagini archetipiche."

A Kurt Hoffmann 3 - VI – 1960
argomento : l'Astrologia dei primitivi

"[...] le proiezioni ed interpretazioni coincidono all'incirca con gli albori della coscienza umana ragionante.

C'è un fatto da tenere presente, che non facciamo delle proiezioni ma che esse ci accadono. Questo permette la conclusione che abbiamo letto nelle stelle le nostre prime conoscenze fisiche e innanzitutto psicologiche. Cioè nel più lontano il più vicino."

La lettura delle lettere di C. G. Jung evidenzia il suo progressivo interesse per l'argomento astrologico contemporaneamente ad una sua ricerca nel campo psicologico che si espande da uno studio dell'inconscio individuale a quello collettivo per arrivare ad una connessione tra psiche, mitologia e funzione simbolica. Negli anni

1909-1911 - poco prima delle prime lettere sul tema "Astrologia" - Jung lavora sulla sua opera *La libido, simboli della trasformazione* (pubblicato nel 1912) e segue quindi già lo studio della funzione archetipica; non stupisce allora la sua ipotesi che i segni zodiacali potrebbero essere delle caratteristiche libidiche.

La ricerca conduce Jung ad affermare la realtà dell'inconscio collettivo che si manifesta in forma onirica dei simboli, per esempio per l'Astrologia nei dodici segni zodiacali.

Con il lavoro sui simboli e trasformazioni della libido, Jung si stacca anche definitivamente dal rigido pensiero di S. Freud. La psiche non è più, come per Freud, un dato commensurabile con contenuti immutabili, bensì un prodotto di una evoluzione incessante. Alla psiche è inerente una dinamica composta dai complessi, archetipi e simboli. Jung intravede nell'Astrologia la stessa dinamica, proiettata nella costellazione astrale e l'oroscopo rispecchia, nel grafico circolare, un complesso archetipico.

In seguito viene definita la funzione dell'archetipo come base essenziale per un ordinamento dei processi psichici, senza però attribuirle la funzione della causa prima. La presenza di un archetipo garantisce l'ordine e lo svolgimento di un processo psichico, tuttavia l'inconscio ed i suoi componenti funzionano in maniera del tutto autonoma, fuori dai processi causali o razionali. Di conseguenza, la difficoltà di inserire fenomeni come l'Astrologia o quelli mantici in genere, in un ambito razionale come la statistica. Questi fenomeni mantengono sempre una loro inprevedibilità rivelando la loro dinamica psichica nell'atto creativo, come lo è per esempio la lettura di un oroscopo.

Più tardi Jung attribuisce all'oroscopo anche una funzione del tempo e più specificamente del tempo qualitativo: un elemento che diventa decisivo per la definizione del concetto di "sincronicità". L'ipotesi che dietro le manifestazioni psichiche apparentemente acausali si nasconda un altro strato di psiche occulta fuori della dimensione spazio-tempo, apre a Jung la porta al campo oscuro della parapsicologia.

Sperando di trovare chiarimenti sugli eventi paranormali, causali e al di fuori di spiegazioni scientifiche, percepiti soltanto per via di intuizione, si mette in contatto con le ricerche parapsicologiche di J. Rhine. Oltre a fornirgli del materiale classificato secondo la metodologia statistica, emergono interrogativi più specifici che aprono nuove prospettive anche per le arti mantiche come l'Astrologia.

L'influsso emotivo come fattore determinante nei risultati degli esperimenti di Rhine spinge Jung a confermare che la funzione archetipica stesse alla base dei risultati sorprendenti.

Era noto che l'effetto emotivo producesse un *abaissement du niveau mental*, una sopraffazione della coscienza da parte dei contenuti inconsci. La percezione di spazio e tempo si riduce completamente, regna soltanto un continuum spazio-temporale che rende possibile la coincidenza e la simultaneità di eventi psichici e non-psichici; eventi che manifestano un legame fra di loro basato su una comunanza di significato, ma non un meccanismo causa-effetto.

Jung definì tali eventi da allora in poi come eventi "sincronistici" secondo la sua teoria esposta ed affermata nel suo libro "La sincronicità come principio di nessi acausali", pubblicato nel 1952[108]. Dichiara in questo libro che la concezione scientifica sulla regolarità delle leggi di natura, basata sulla causalità, ha da un punto di vista psicologico, soltanto una validità parziale, perché non tiene atto dei fattori psicologici che invece sono determinanti nello svolgimento e per lo stesso risultato, per esempio, di una statistica (vedi "l'esperimento astrologico" citato nel suo libro). Tali fattori - l'affettività delle persone coinvolte - si basano sull'operare degli istinti, il cui aspetto formale è l'archetipo[109].

Il fenomeno della sincronicità risulta quindi come coincidenza di due fattori : 1) un'immagine inconscia si presenta direttamente

---

[108] Jung, Carl Gustav : *La sincronicità come principio di nessi acausali*. in : C. G. Jung *Opere*, Vol. 8, Boringhieri, Torino, 1976
[109] *ibidem*, p. 470.

(letteralmente) o indirettamente (simboleggiata o accennata) alla coscienza come sogno, idea improvvisa o presentimento; 2) un dato di fatto obbiettivo coincide con questo contenuto[110]. Applicato all'oroscopo significa che il dato di fatto esterno, oggettivo è la posizione degli astri nel tema natale, rappresentata nel grafico oroscopico, la sua interpretazione invece rappresenta l'immagine inconscia della persona, costellata da uno o più archetipi, con i quali l'astrologo deve mettersi in sintonia. L'oroscopo funziona soltanto se si verifichi una sincronicità tra l'immagine della costellazione celeste ed il cielo psichico all'interno di una persona.>>

---

[110] *ibidem*, p. 477.

La mia intervista a C. G. Jung

Ho provato a immaginare delle ipotetiche domande che un astrologo avrebbe posto a Jung, a proposito dell'Astrologia, partendo da alcune sue citazioni sull'argomento che diventeranno delle risposte nell'intervista "costruita a tavolino" che propongo di seguito. Ringrazio Enzo Barillà[111] per avermi segnalato le seguenti citazioni a carattere astrologico, tratte dall'opera di C. G. Jung.

1) Secondo lei Dott. Jung nascere in un determinato giorno, mese, anno, quindi stagione può, in qualche modo, lasciare un segno nella nostra psiche?

    Risposta di C. G. Jung: *"Siamo nati in un dato momento, in un dato luogo, e abbiamo – come i vini celebri – le qualità dell'anno e della stagione che ci hanno visti nascere. L'Astrologia non pretende altro."*[112]

2) L'Astrologia può secondo lei costruire un ordine o almeno dare un significato all'esistenza psichica, alle nostre emozioni?

    Risposta di C.G. Jung: *"Finché non si sa nulla di un'esistenza psichica, questa, quando si manifesta, viene proiettata. Quindi la prima nozione della legge o*

---

[111] http://www.enzobarilla.eu/
[112] C. G. Jung, *L'homme à la découverte de son âme*, p. 287, 288.

dell'ordine psichico si trovò proprio nelle stelle, e in seguito nella materia ignota. Dai due campi di esperienza si staccarono le scienze, l'astronomia dall'Astrologia, dall'alchimia la chimica."[113]

3) Che cosa è, secondo lei, il tema natale o oroscopo personale, che cosa simboleggia e qual è la sua utilità?

Risposta di C.G. Jung: *"Le costellazioni astrologiche raffigurano quelli che noi chiamiamo gli archetipi dell'inconscio collettivo. Sono immagini degli archetipi proiettate nel cielo. L'oroscopo della nascita raffigura una particolare combinazione individuale di elementi archetipici, ossia collettivi, così come sono collettivi i nostri fattori biologici ereditari che però nel singolo determinano una combinazione specifica. La combinazione degli astri nell'oroscopo simboleggia l'essere individuale, e dunque il destino spirituale del singolo."*[114] *"È come se l'anima umana fosse costituita di qualità provenienti dalle stelle; sembra che le stelle abbiano delle qualità che s'inseriscono bene nella nostra psicologia. Ciò accade in ragione del fatto che, originariamente, l'Astrologia era una proiezione sulle stelle della psicologia umana inconscia. In ciò vi è una conoscenza stupefacente, che consciamente non possediamo, del funzionamento inconscio che appare in*

---

[113] C. G. Jung, *Lo spirito Mercurio.*
[114] Marie-Louise von Franz, *La morte e i sogni*, Boringhieri, Torino, 1986, p. 159

primo luogo nelle stelle più remote, le stelle delle costellazioni zodiacali. Sembra che ciò che possediamo, come conoscenza più intima e segreta di noi stessi, sia scritto nei cieli. Per conoscere il mio carattere più individuale e più vero devo frugare i cieli, non riesco a vederlo direttamente in me stesso... [Jung procede poi a fare specifici riferimenti alla sua genitura, che dimostra di conoscere assai bene. N.d.A.] Probabilmente, dunque, esiste qualche collegamento, nell'inconscio dell'uomo, con – si potrebbe dire – l'universo. Ci deve essere qualcosa nell'uomo che è universale; in caso contrario egli non avrebbe potuto fare una proiezione simile, non potrebbe leggere sé stesso nelle costellazioni più remote. Non si può proiettare qualcosa che non si possiede; qualsiasi cosa si proietti in qualcun altro è dentro di sé, si trattasse pure del diavolo stesso. Il fatto che proiettiamo qualcosa sulle stelle significa quindi che possediamo qualcosa che appartiene anche alle stelle. Facciamo veramente parte dell'universo... Giacché si fa parte del cosmo, qualsiasi cosa si faccia dovrebbe essere in armonia con le leggi del cosmo stesso."[115]

4) Se dovesse costruire un parallelo fra i pianeti fisici e astrologici con gli archetipi, cosa affermerebbe?

    Risposta di C.G. Jung: *"[...] la psiche oscura "è"* - verbo aggiunto dall'Autore - *come un cielo notturno*

---

[115] C. G. Jung, *Visioni* p. 692.

disseminato di stelle, un cielo in cui i pianeti e le costellazioni di stelle fisse sono rappresentati dagli archetipi in tutta la loro luminosità e numinosità. Il cielo stellato è infatti il libro aperto della proiezione cosmica, del riflesso dei mitologemi, degli archetipi appunto. In questa visione Astrologia e alchimia, le due antiche rappresentazioni della psicologia dell'inconscio collettivo, si danno la mano."[116]

5) Lei utilizza l'Astrologia nelle sua pratica analitica?

    Risposta di C.G. Jung: *"Quando mi riesce difficile classificare un paziente, lo mando a farsi fare l'oroscopo; l'oroscopo corrisponde sempre al carattere del paziente e io poi lo interpreto psicologicamente"*[117]

6) Forse le sembrerò ottuso, ma proverebbe a spiegarmi nuovamente che cos'è l'oroscopo o l'Astrologia per lei?

    Risposta di C.G. Jung: *"Si potrebbe anche dire: l'oroscopo tutto intero – poiché quest'ultimo corrisponde sul piano cronometrico (ossia temporale) al carattere individuale – tutte le componenti della personalità o del carattere. Nella concezione antica, infatti, la specificità individuale è la maledizione o la benedizione che alla nascita gli dèi depongono nella culla del bambino, sotto forma di*

---

[116] C. G. Jung, *Riflessioni teoriche sull'essenza della psiche*, Vol. VIII, p. 213.
[117] C. G. Jung, *Jung parla*

"aspetti" favorevoli o nefasti. L'oroscopo è il chirographum, di cui si dice: "annullando il documento scritto del nostro debito, le cui condizioni ci erano sfavorevoli. Egli (Cristo) lo ha tolto di mezzo inchiodandolo alla Croce. Avendo privato della loro forza i Principati e le Potestà, ne ha fatto pubblico spettacolo dietro al corteo trionfale di Cristo".

E ancora aggiunge Jung: *"Il senso fondamentale dell'oroscopo consiste nel fatto che, determinando le posizioni dei pianeti nonché le loro relazioni (aspetti) e assegnando i segni zodiacali ai punti cardinali, esso dà un quadro della costituzione prima psichica e poi fisica dell'individuo. L'oroscopo rappresenta dunque in sostanza un sistema delle qualità originarie e fondamentali del carattere di una persona e può essere considerato un equivalente della psiche individuale."*[118]

7) Ma come potrebbe avvenire questo *imprinting* planetario nell'uomo al momento della nascita, che a questo punto non viene al mondo come *tabula rasa*?

Risposta di C.G. Jung: *"Quest'idea, già molto antica, di una sorta di debito chirografario assegnato alla nascita, a cui si riferisce la Lettera ai Colossesi, è la versione occidentale di un karma prenatale. Sono gli arconti, i sette vecchi, che imprimono all'anima il suo destino. Così anche*

---

[118] C. G. Jung, *Aion*, Vol. IX/1, p. 128

Priscilliano (morto intorno al 385) dice che l'anima, al momento della sua discesa, alla nascita, passa attraverso "certi cerchi" dove viene fatta prigioniera delle potenze malvagie. Secondo la volontà del principe vittorioso viene costretta a entrare in diversi corpi sui quali le viene scritta la sentenza. Probabilmente ciò significa che nell'anima sono impresse le influenze dei vari pianeti. A questa discesa dell'anima attraverso le Case dei pianeti corrisponde anche il suo passaggio attraverso le porte dei pianeti, come le descrive Origene: la prima porta è di piombo ed è correlata con Saturno, il che mostra con chiarezza che Maier segue un'antica tradizione."[119]

8) Potrebbe, quindi, l'Astrologia essere un linguaggio in grado di rassicurare l'uomo quando questo si trovi di fronte a situazioni, eventi mai vissuti prima e di difficile comprensione?

   Risposta di C.G. Jung: *"È noto che la scienza cominciò con le stelle, nelle quali l'umanità scoprì le dominanti dell'inconscio, gli "dèi", così come le bizzarre qualità psicologiche dello zodiaco: una proiezione completa della caratterologia. L'Astrologia è un'esperienza primordiale simile all'alchimia. Tali proiezioni si ripetono sempre dove l'uomo tenta di esplorare una vuota oscurità e involontariamente la riempie di figurazioni vive."*[120]

---

[119] C. G. Jung, *Mysterium coniunctionis*, Opere, Vol. XIV/1, p. 214, 215

9) Quale rapporto potrebbe esserci fra inconscio collettivo e Astrologia?

Risposta di C.G. Jung: *"Tutta la mitologia sarebbe una specie di proiezione dell'inconscio collettivo. Lo vediamo chiarissimamente nel cielo stellato, le cui caotiche forme furono ordinate mediante proiezione d'immagini. Così si spiegano le influenze stellari sostenute dagli astrologi; esse non sono altro che percezioni introspettive incoscienti dell'attività dell'inconscio collettivo. Come le immagini delle costellazioni furono proiettate nel cielo, così figure simili e differenti furono proiettate in leggende o in favole o su personaggi storici. Possiamo quindi studiare l'inconscio collettivo in due maniere, o nella mitologia o nell'analisi dell'individuo."*[121]

Inoltre, precisando ancora meglio, aggiunge: *"L'inconscio collettivo... sembra consistere di motivi e immagini mitologici, e perciò i miti dei popoli sono gli autentici esponenti dell'inconscio collettivo. Tutta la mitologia sarebbe una specie di proiezione dell'inconscio collettivo. Lo vediamo chiarissimamente nel cielo stellato, le cui caotiche forme furono ordinate mediante proiezione d'immagini. Così si spiegano le influenze stellari sostenute dagli astrologi; esse non sono altro che percezioni*

---

[120] C. G. Jung, Psicologia e Alchimia, Boringhieri, Torino, 1981, p. 257
[121] C. G. Jung, *La struttura della psiche*, Vol. VIII, p. 171

introspettive incoscienti dell'attività dell'inconscio collettivo. Come le immagini delle costellazioni furono proiettate nel cielo, così figure simili e differenti furono proiettate in leggende o in favole o su personaggi storici. Nel Wallenstein di Schiller c'è una conversazione tra Wallenstein e un astrologo, in cui quest'ultimo dice: «Nel tuo cuore stanno le stelle del tuo fato.» È una traduzione dell'Astrologia in termini psicologici. Ma è un testo molto tardo, dell'inizio del XIX secolo. Fino ad allora la gente pensava che a causare le reazioni personali non fosse una motivazione psicologica, ma il movimento delle stelle, come se il corso delle loro vite fosse determinato dalle vibrazioni dei pianeti. La cosa sconcertante è che c'è veramente una curiosa coincidenza tra fatti astrologici e fatti psicologici, e le caratteristiche di un individuo possono essere ricondotte a una certa costellazione, così come la conoscenza di tale costellazione permette di dedurre le caratteristiche di un individuo. Perciò dobbiamo concludere che quelli che definiamo motivi psicologici sono, in certo qual modo, identici alle posizioni delle stelle. Dato che non lo possiamo dimostrare, dobbiamo formulare un'ipotesi ad hoc. Quest'ipotesi afferma che la dinamica della nostra psiche non è proprio identica alla posizione delle stelle, né ha a che fare con le vibrazioni: questa è un'ipotesi illegittima. È meglio pensare che si tratti di un fenomeno temporale. Le due cose si uniscono nel concetto di tempo. Il tempo, o il momento inteso come forma peculiare d'energia, coincide con la nostra condizione psicologica. Il momento è unico, cosicché qualsiasi cosa abbia la propria origine in un certo momento ha l'energia e le caratteristiche di quel particolare momento. Dev'essere così, perché una cosa originatasi cent'anni fa ha le caratteristiche di quell'epoca. In questa concezione del tempo abbiamo un concetto che media, che ci aiuta a fare a meno delle spiegazioni irrazionali dell'Astrologia. Le stelle sono usate dall'uomo soltanto per servire da indicatori di tempo; la nostra psicologia ha tanto poco a che fare con le stelle quanto un orologio, che è soltanto uno strumento usato per misurare un certo momento, diciamo le 10.45. È esattamente come se uno dicesse che il sole è in Acquario, la luna in Sagittario e i Gemelli stanno spuntando all'orizzonte con un'elevazione di 5 gradi. È un momento particolare. Ci vogliono quattro minuti perché un segno salga di un grado sopra l'orizzonte. Si può perfino scoprire l'istante preciso, dividendo il grado in secondi. Una costellazione del genere è irripetibile per un intervallo di tempo lunghissimo. Ritroviamo la stessa posizione: anno, mese, giorno, ora e secondi, in un arco di tempo di 26000 anni. Il fatto importante è che sia quella particolare situazione, non che le stelle la indichino. Si potrebbero usare altre costellazioni per stabilire il tempo. La cosa che conta è che il momento presente sia quello che è il momento e la condizione in atto nel mondo, la sua energia e il suo movimento in quel momento. Qualsiasi cosa abbia origine in una data epoca sarà segnata da quel particolare momento, quindi i fattori psicologici sono determinati dalla posizione in atto e da tutte le sue caratteristiche."[122]

10) Quale rapporto potrebbe esserci, fra i movimenti planetari, i cosiddetti transiti astrologici e la coscienza dell'uomo?

Risposta di C.G. Jung: *"Come spiritus metallorum e come componenti del destino in Astrologia, gli antichi dèi planetari sopravvissero a molti secoli cristiani. Mentre nella Chiesa la differenziazione crescente del rito e del dogma allontanava la coscienza dalle radici naturali che essa ha nell'inconscio, l'alchimia e l'Astrologia erano occupate indefessamente a evitare che il ponte di congiunzione con la natura, cioè con l'anima inconscia, cadesse in rovina. L'Astrologia non faceva che ricondurre sempre nuovamente la coscienza a riconoscere la heimarmene, cioè la dipendenza del carattere e del destino da determinati momenti temporali; l'alchimia dava sempre nuovamente occasione di proiettare quegli archetipi che non potevano inserirsi senza attrito nel processo cristiano."*[123]

11) Che cosa pensa del Sole e della Luna come pianeti considerati nell'interpretazione di un tema natale/carta del cielo?

---

[122] C. G. Jung, *Analisi dei sogni*, Boringhieri, Torino, 2003, p. 416.

[123] C. G. Jung, *Psicologia e Alchimia*, Boringhieri, Torino, 1981, p. 37.

Risposta di C.G. Jung: "*Nelle descrizioni metaforiche degli alchimisti, Luna è anzitutto un'immagine riflessa della femminilità inconscia dell'uomo; essa è però anche il principio della psiche femminile, nel senso stesso in cui il Sole lo è di quella maschile. Questa caratterizzazione è particolarmente evidente nella concezione astrologica di Sole e Luna, per non parlare delle asserzioni della mitologia, che esistono da tempo immemorabile. L'alchimia non è pensabile senza l'influenza della sua sorella maggiore, l'Astrologia. Nella valutazione psicologica dei luminari occorre tener presenti le asserzioni di questi tre campi.*"[124]

12) Se l'uomo, come lei afferma, vive anche una realtà totalmente interiorizzata, come può definire la realtà esteriore che viene poi vissuta attraverso i cinque sensi?

Risposta di C.G. Jung: "*Io posso solo contemplare in muta ammirazione, con la più profonda meraviglia e con timore, gli abissi e le vette della natura psichica, il cui mondo aspaziale cela una quantità smisurata d'immagini, che milioni di anni di evoluzione vivente hanno accumulato e condensato organicamente. ... E queste immagini non sono pallide ombre, ma determinanti psichiche potentemente attive che possiamo solo fraintendere, mai però privare della loro energia, col*

---

[124] C. G. Jung, *Mysterium Coniunctionis*, cit., p. 171.

negarla. Non saprei paragonare questa impressione se non alla visione del cielo stellato, perché l'equivalente del mondo interno è solo il mondo esterno, e come raggiungo questo mondo per mezzo del corpo, raggiungo quello per mezzo dell'anima."[125]

13) Cosa ne pensa del segno dell'Acquario e di Urano, suo pianeta governatore?

Risposta di C.G. Jung: *"Da sempre l'Acquario è stato caratterizzato come un segno d'aria, e ha a che fare con il vento primaverile che porta con sé le nuvole da pioggia; è il segno di questo stesso periodo, che, nei paesi in cui ebbe origine lo zodiaco babilonese – in Mesopotamia, per esempio –, è la stagione delle piogge. In questa stagione il vento si leva portando con sé dal mare le piogge invernali. Qui si fa strada la primavera, il cui primo segnale, l'inondazione, corrisponderebbe con i Pesci, e in seguito giunge l'Ariete, la prima fertilità, i primi germogli – le spinte dell'Ariete sono appunto le spinte delle prime foglie verdi. Ora, essendo un segno di vento, l'Acquario è ovviamente un segno pneumatico, un segno di movimento spirituale, delle atmosfere e delle perturbazioni atmosferiche. In aggiunta a ciò, l'Astrologia moderna ha associato con l'Acquario il pianeta Urano, e Urano è il pianeta degli avvenimenti inaspettati o dei casi*

---

[125] C. G. Jung, *Prefazione a W. M. Kranefeldt*, "La psicoanalisi", Opere, Vol. IV, p. 352.

imprevisti, un pianeta assolutamente "elettrico", fonte di tempeste e di eventi irregolari e non prevedibili." [126]

---

[126] C. G. Jung, *Lo Zarathustra di Nietzsche*, p. 402.

Mito e Astrologia

Parlare di mito in Astrologia è fondamentale ancora di più quando lo s'inserisce nell'ottica della psicologia junghiana. Sono pienamente d'accordo con Richard Tarnas quando definisce tre sensi interpretativi diversi per ciascun archetipo astrologico (pianeta, segno): *"nel senso omerico come divinità primordiale e figura mitica, nel senso platonico come principio cosmico e metafisico e nel senso junghiano come principio psicologico, tutti associati a un pianeta specifico. Ad esempio l'archetipo di Venere può essere affrontato a livello omerico come la figura mitologica greca di Afrodite, la dea della bellezza e dell'amore, la mesopotamica Ishtar, la romana Venus. A livello platonico Venere può essere intepretata in termini di principio metafisico di Eros e del Bello, e a quello junghiano come la tendenza psicologica a percepire, desiderare, creare o altrimenti sperimentare bellezza e amore [...] ".*[127] Nei capitoli seguenti propongo due modi di approcciarsi al mito, diversi e complementari, cercando di fornire, attraverso la rilettura di Ernst Cassirer, un fondamento di esistenza all'Astrologia che utilizza il mito.

---

[127] R. Tarnas, *Cosmo e Psiche*, Edizioni Mediterranee, Roma, 2012, pagg. 103-104

Ernst Cassirer e il linguaggio del mito

"L'Astrologia è uno dei più grandiosi tentativi che mai siano stati osati dallo spirito umano per fornire una rappresentazione simbolica globale del mondo" E. *Cassirer*

Cassirer scrive: *"Tutte le forme dell'esistenza si presentano inizialmente come avvolte nell'atmosfera del pensiero mitico e della fantasia mitica. Solo per opera di questa esse ricevono forma e colore e acquistano la loro specifica determinatezza. Molto prima che il mondo si presenti alla coscienza come un complesso di "cose" empiriche e di "proprietà" empiriche, le si è presentato come un complesso di potenze e di azioni mitiche."* [128]

Noi cogliamo la realtà attraverso i sensi, ma la prima categoria di conoscenza che applichiamo è quella mitico simbolica, secondo Cassirer, e attraverso questa azione inconscia la realtà si determina alla nostra coscienza. L'uomo conosce, nel senso di portare alla propria coscienza, attraverso le forme semantiche del mito. Proviamo a pensare al bambino che vive immerso, nei primi mesi e anni di vita, in un mondo animistico, inteso in senso piagettiano[129],

---

[128] E. Cassirer, *Filosofia delle forme simboliche*, 3 voll., La Nuova Italia, Firenze 1961-66, II, p. 3.
[129] http://www.nicolalalli.it/pdf/piaget.pdf <<*I bambini inizialmente attribuiscono "vita" sia ad oggetti animati che inanimati. L'attribuire vita ad oggetti inanimati diminuisce con l'età. La tendenza del fanciullo a considerare i corpi come vivi e dotati di intenzione, è da Piaget chiamata "animismo infantile". Fino all'età di 6-7 anni, tutti i corpi per il bambino sono "coscienti e vivi, anche quelli immobili. La coscienza è legata ad una attività qualsivoglia, sia che questa attività emani dagli oggetti stessi, sia che questi la subiscono dall'esterno". Il fanciullo "ignora che possano esserci azioni non accompagnati da coscienza. L'attività è per lui, necessariamente intenzionale e cosciente"*>>.

fatto di oggetti che lui più avanti, nell'età evolutiva, coglie come esterni, ma che a suo "vedere" possiedono dei poteri. Il bambino, quando urta contro un oggetto o da qualche parte, istintivamente cerca di picchiarlo per una sorta di difesa/vendetta perché gli riconosce una volontà diversa dalla sua, un'esistenza altra da sé. Il bambino è l'essere che, più di tutti, potrebbe spiegarci in parole semplici quello che Cassirer ha descritto con i termini della Filosofia.

Cassirer ricorda che: "*Così anche per Platone il mito nasconde un determinato contenuto concettuale: esso infatti è l'unico linguaggio in cui il mondo del divenire può essere espresso concettualmente. Di ciò che mai è, ma sempre "diviene", di ciò che non permane mai in un'identica determinatezza, come avviene per le produzioni del pensiero logico e matematico, ma di momento in momento si presenta diverso, non vi può essere altra espressione che l'espressione mitica.*"[130]

La realtà - il mondo del divenire - si può spiegare attraverso il linguaggio mitico che permette di coglierne l'essenza e il movimento stesso, fornendo nel caso anche un senso, un fine.

"*Per quanto nettamente la semplice "verosimiglianza" del mito venga distinta dalla verità della scienza rigorosa, sussiste tuttavia d'altro lato, in virtú di questa distinzione, il piú stretto rapporto metodologico fra il mondo del mito e quel mondo che siamo soliti denominare 'realtà' empirica dei fenomeni, realtà della «natura". Qui pertanto il mito va al di là di ogni significato semplicemente materiale; esso viene qui pensato come una funzione determinata e,*

---
[130] *Ibidem*, Pag. 5

nel posto che le spetta, necessaria, della comprensione dell'universo."[131]

Il mito per Cassirer diventa una "funzione determinata", una categoria di pensiero che permette la "comprensione dell'universo". E' importante che venga utilizzata la parola "comprensione" al posto di "conoscenza" perché il linguaggio mitico coglie il senso, ma non offre "conoscenza" scientifica.

"Il mito appare ormai un 'mondo' chiuso in se stesso che non può essere giudicato con unità di misura e di valore estranee e provenienti dal di fuori, ma deve essere inteso nelle sue leggi immanenti. Ogni tentativo di rendere 'comprensibile' questo mondo vedendo in esso qualcosa di semplicemente mediato, considerandolo con l'involucro di qualche altra cosa, viene ora respinto con una vittoriosa e per sempre decisiva argomentazione."[132]

Cassirer rende il linguaggio mitico, degno come tutti gli altri linguaggi, che permettono l'interpretazione del "mondo reale in divenire" e non come unità empiricamente statica. Il linguaggio mitico, finalmente, è. Ora si può ragionare sul come funzioni questo linguaggio. Non *"[...] è il contenuto – del mito (N.d.A) –, la materia della mitologia, ma l'intensità con cui questo contenuto viene vissuto, con cui viene creduto esistente e reale."* [133] Il mito, dunque, non è un'invenzione poetica né filosofica e qualora, in qualche modo, si riuscisse a ricondurlo all'idea di una invenzione qualsiasi da parte di altri linguaggi o teorie, resterebbe, comunque,

---

[131] *Ivi.*
[132] *Ibidem* pag. 9
[133] *Ivi.*

inesplicata, *"[...] la dinamica della coscienza mitica, l'incomparabile potenza che essa dimostra sempre di più nella storia dello spirito umano."*[134] L'intensità con cui si vive, si crede a un contenuto mitologico, è ciò che permette ad esso di funzionare.

Il mito segna ciascun popolo e ciascun soggetto appartenente a esso, dunque, qualsiasi altra Arte, Religione, o forma di linguaggio utilizzi il mito nei termini esposti che si muova verso la direzione dell'utilità per l'uomo, sempre che se ne faccia un uso responsabile, è utile.

"Non già la storia di un popolo ne determina la mitologia, ma al contrario la mitologia ne determina la storia, o piuttosto non determina, ma è essa stessa il destino di questo popolo, la sorte che fin da principio gli è toccata".[135]

Se il linguaggio mitologico è utilizzato in Astrologia per fornire indicazioni rispetto alle dinamiche di vita di un soggetto: aspirazioni, potenzialità, conoscenza di sé, raggiungimenti di obiettivi, motivazione, secondo me, possiamo ardire nel fare un salto interpretativo e rileggere le parole di Cassirer sostituendo la parola mitologia con Astrologia.

Certamente l'Astrologia non ha alcuna realtà fuori della coscienza; ma sebbene si svolga soltanto nelle determinazioni di questa, e quindi in rappresentazioni, questo svolgimento, questo succedersi di rappresentazioni non può a sua volta essere semplicemente rappresentato come tale, ma deve necessariamente aver avuto luogo realmente, essersi verificato realmente nella

---

[134] Ivi.
[135] *Ibidem, pag. 9*

coscienza. L'Astrologia non è quindi semplicemente una concezione riguardante gli dèi presentata in successivi momenti, ma il politeismo svolgentesi per fasi successive, nel quale essa consiste, si può spiegare solo ammettendo che la coscienza della umanità si sia trovata successivamente in tutti i momenti di esso. "*Gli dèi che si susseguono gli uni agli altri si sono impadroniti realmente l'un dopo l'altro della coscienza. L'Astrologia come storia degli dèi si poté produrre solo nella vita stessa, dovette essere qualcosa di vissuto e di sperimentato*".[136]

La "vita" infatti, secondo la concezione fondamentale di Schelling, non significa né qualcosa di semplicemente soggettivo, né qualcosa di semplicemente oggettivo, ma si trova esattamente sulla linea che divide i due campi: è il punto d'indifferenza fra soggettivo e oggettivo. Se applichiamo ciò all'Astrologia, anche qui è necessario che il mito corrisponda al movimento e allo sviluppo delle rappresentazioni astrologiche nella coscienza umana

---

[136] *Ibidem, pag. 10 "Certamente la mitologia non ha alcuna realtà fuori della coscienza; ma sebbene si svolga soltanto nelle determinazioni di questa, e quindi in rappresentazioni, questo svolgimento, questo succedersi di rappresentazioni non può a sua volta essere semplicemente rappresentato come tale, ma deve necessariamente aver avuto luogo realmente, essersi verificato realmente nella coscienza. La mitologia non è quindi semplicemente una concezione riguardante gli dèi presentata in successivi momenti: bensì il politeismo svolgentesi per fasi successive, nel quale essa consiste, si può spiegare solo ammettendo che la coscienza della umanità si sia trovata successivamente in tutti i momenti di esso. «Gli dèi che si susseguono gli uni agli altri si sono impadroniti realmente l'un dopo l'altro della coscienza. La mitologia come storia degli dèi si poté produrre solo nel vita stessa, dovette essere qualcosa di vissuto e di sperimentato»"*

— poiché questo movimento deve avere un'intrinseca verità — un processo obiettivo, uno sviluppo necessario nell'assoluto.¹³⁷

Il processo di lettura astrologica di un tema natale è un processo teogonico: un processo in cui Dio stesso diviene in cui egli stesso si genera per gradi. Ogni singolo grado di questa genesi, in quanto può essere inteso come un necessario punto di passaggio, ha il suo significato proprio: ma solo nella totalità, nel nesso ininterrotto del moto che procede per tutti i momenti, se ne svela il senso completo e la vera meta. In questa infatti anche ogni singola fase particolare e condizionata si dimostra necessaria, e quindi giustificata. Il processo di lettura astrologica è il processo della verità che si ricostruisce e in tal modo si realizza. *"Esso quindi non è certamente verità nel momento singolo, perché allora non avrebbe bisogno di passare al momento successivo, non avrebbe bisogno di alcun processo; ma in questo stesso si genera. Pertanto in esso è la verità — in quanto verità che produce se stessa — che è la fine del processo e che perciò è contenuta complessivamente dal processo come verità compiuta".*¹³⁸

---

¹³⁷*Ibidem, pag. 11 "La "vita" infatti, secondo la concezione fondamentale di Schelling, non significa né qualcosa di semplicemente soggettivo, né qualcosa di semplicemente oggettivo, ma si trova esattamente sulla linea che divide i due campi: è il punto di indifferenza fra soggettivo e oggettivo. Se applichiamo ciò al mito, anche qui è necessario corrisponda al movimento e allo sviluppo delle rappresentazioni mitiche nella coscienza umana — siccome questo movimento deve avere un'intrinseca verità — un processo obbiettivo, uno sviluppo necessario nell'assoluto."*

¹³⁸ *Ivi. Il processo mitologico è un processo teogonico: un processo in cui Dio stesso diviene in cui egli stesso si genera per gradi. Ogni singolo grado di questa genesi, in quanto può essere inteso come un necessario punto di passaggio, ha il suo significato proprio: ma solo nella totalità, nel nesso*

ininterrotto del moto che procede per tutti i momenti se ne svela il senso completo e la vera meta. In questa infatti anche ogni singola fase particolare e condizionata si dimostra necessaria e quindi giustificata. Il processo mitologico è il processo della verità che si ricostruisce e in tal modo si realizza. «Esso quindi non è certamente verità nel momento singolo, perché allora non avrebbe bisogno di passare al momento successivo, non avrebbe bisogno di alcun processo; ma in questo stesso si genera. Pertanto in esso è la verità — in quanto verità che produce se stessa — che è la fine del processo e che perciò è contenuta complessivamente dal processo come verità compiuta».

Joseph Campbell e il mito

"I miti sono fioriti tra gli uomini in tutti i tempi, in tutte le regioni della terra, ed al loro vivificante afflato si deve tutto ciò che l'attività fisica e intellettuale dell'uomo ha prodotto. Né sarebbe esagerato affermare che le inesauribili energie del cosmo si manifestano nella cultura umana proprio attraverso il mito. Le religioni, le filosofie, le arti, le forme sociali dell'uomo primitivo e storico, le scoperte scientifiche e tecniche, gli stessi sogni che popolano il sonno, scaturiscono indistintamente dalla fonte magica del mito."[139]

"Freud, Jung ed i loro seguaci ci hanno fornito la irrefutabile dimostrazione che la logica, gli eroi e i fatti del mito sopravvivono nel tempo presente. In mancanza di una effettiva mitologia generale, ciascuno di noi possiede il proprio personale, intimo, elementare e tuttavia potente pantheon di sogni. In questo stesso momento, l'ultima incarnazione di Edipo, i moderni protagonisti della favola della Bella e la Bestia, attendono all'angolo della Quarantaduesima Strada con la Quinta Avenue che il semaforo cambi colore." [140]

Joseph Campbell, senza entrare nel dettaglio dei suoi scritti, ha scoperto che tutti i racconti mitici di diverse culture, seppure con diverse variazioni tematiche e stilistiche, seguono la medesima intelaiatura. Tutti i racconti rientrano in quella trama narrativa che

---

[139] Joseph Campbell, *L'Eroe dai mille volti*, Feltrinelli Editore, 1958, p. 11
[140] *Ibidem*, p. 12

Campbell definisce "Viaggio dell'Eroe", esplicitato in uno dei suoi libri "L'Eroe dai mille volti", in cui sono raccontate le tappe che l'Eroe deve superare per realizzarsi come individuo. Campbell aveva approfondito il mito in tutte le sue forme, da grande ricercatore quale era, prendendo in considerazione nelle sue analisi le fiabe dei fratelli Grimm, le varie leggende sul Sacro Graal, i miti greci e romani, le narrazioni bibliche e religiose. Confrontando in maniera scientifica tutti i racconti, colse una trama generale, il "monomito", comune a tutte le storie, che ha definito come "il Viaggio dell'Eroe" esplicitato in diciannove tappe di viaggio presenti, tutte o in parte, in ogni mito. Secondo Campbell, il tema del Viaggio dell'Eroe è universale e atemporale: il Viaggio dell'Eroe mitologico può avvenire realmente, nel senso di vero e proprio viaggio fisico, ma la sua valenza va ben oltre. Il Viaggio è, soprattutto, un viaggio personale dell'anima, un percorso verso le profondità interiori in cui ancestrali resistenze vengono vinte permettendo il recupero di poteri messi da parte, dimenticati, che diventano utili per la società e per il mondo. Le tappe raccolte da Campbell sono:

1. Ambiente quotidiano; 2. Richiamo all'avventura; 3. Rifiuto del richiamo; 4. Aiuto soprannaturale; 5. Varco della prima soglia; 6. Il ventre della balena (l'eroe è inghiottito dall'ignoto e creduto morto); 7. Percorso delle prove; 8. Incontro con la dea; 9. La donna come tentatrice; 10. Riconciliazione con il Padre; 11. Apoteosi; 12. L'ultimo dono; 13. Rifiuto del ritorno; 14. Fuga magica; 15. L'aiuto dall'interno; 16. Varco della soglia del ritorno; 17. Ritorno; 18. Signore dei due mondi; 19. Libero di vivere.

Le prime sei tappe possono rappresentare il momento Partenza o Separazione, le successive, dalla settima alla dodicesima, compongono la fase dell'Iniziazione e infine, le ultime sette, costituiscono il momento del Ritorno. Lo studio di Campbell evidenzia che tutte le storie che ci accompagnano da millenni, provengono da una medesima radice mitica, che ha influenzato le fiabe, i racconti e i romanzi su cui si sono costruite le nostre identità individuali e comunitarie.

I racconti mitici e la loro proiezione psicologica nel cielo, nelle costellazioni, sono i vissuti dell'anima umana, cui si cerca di dare una forma esteriore. Ma se i racconti dell'uomo sono rappresentazioni archetipiche di carattere biologico, come evidenzia Campbell, i miti stessi sono rappresentazioni archetipiche. Attraverso le tappe del viaggio dell'Eroe è possibile costruire un sistema astrologico interpretativo pregno di significati simbolici e, a mio avviso, molto valido, così come ha fatto Liz Greene nel mondo anglosassone, e Lidia Fassio in Italia. Come tutti i metodi interpretativi, ciascuno di essi deve associare delle regole interpretativo-simboliche ben precise alle relazioni dei pianeti all'interno del cerchio zodiacale, secondo me in questo consiste il limite delle teorie. Non condivido pienamente il fatto che una persona debba affrontare il viaggio dell'Eroe, com'è definito da diversa lettura, attraverso il simbolo, modello del Sole, affibbiare quindi una categoria statica a quella che è l'interpretazione astrologica dell'astro diurno per segno, per casa e per aspetti. Ci sono ben dieci pianeti e altrettanti miti che raccontano di personalità diverse, non necessariamente solari, quindi, a mio avviso, il viaggio dell'Eroe è da considerarsi attraverso le 12 lenti, i segni zodiacali, e le 10 luci, i pianeti che indossiamo, che fanno parte del nostro tema natale.

L'uomo può vivere, nel corso della propria esistenza, diversi viaggi dell'Eroe, se lo desidera, incarnando prima un simbolo planetario e poi l'altro, certo ve ne sarà uno dominante su tutti, quello che rappresenta l'approccio principale alla vita.

Secondo me non si può pretendere di costruire relazioni a priori fra i pianeti, come ad esempio affermare che Mercurio, Venere e Marte sono gli strumenti utilizzati dal Sole per raggiungere il suo scopo realizzativo. E' senza dubbio una teoria affascinante, valida, che mi piace, ma diventa limitante nell'interpretazione della complessità di un tema. Non dico che non funzioni, tutto funziona in Astrologia (come ormai si sta comprendendo dalla lettura del presente lavoro), ma perché fossilizzarmi su un solo modello interpretativo a priori?

Sarebbe più interessante mettere da parte la voglia di stupire, di alcuni astrologi (non nego di averla avuta anch'io in passato) azzeccando le caratteristiche di un tema natale, in favore della comprensione di cosa stia vivendo il soggetto in quel momento, quali valori zodiacali sono attivi nel suo tema. Ci possiamo imbattere, ad esempio, in una persona che sta vivendo da terza casa in Capricorno, questo lo scopriamo facendogli delle domande, parlando con lui. Se è così, allora guarderemo Saturno per casa, segno, aspetti, questo è il suo Eroe del momento e sta affrontando il suo viaggio. Questo non significa che il Sole e l'ascendente siano secondari, essi lavoreranno in relazione con Saturno, se ne esiste una, altrimenti saranno simboli che manterranno la loro coerenza interpretativa all'interno del tema.

Tutto questo perché, come ho scritto in questo capitolo, l'Astrologia contiene in sé una complessità che non può essere normalizzata attraverso schemi o stampini interpretativi, ma deve essere declinata su un soggetto storicizzato che sta vivendo la propria vita fatta di relazioni, emozioni, azioni. L'interpretazione di un tema dovrebbe essere come il dischiudersi ciclico di un fiore che si presenta di stagione in stagione diverso, ma con la persistenza dei medesimi profumi accompagnati, magari da colori svariati. L'interpretazione, a mio avviso, deve essere sinestesica, come nelle poesie.

Counseling o Astrologia?

Tutte le psicoterapie funzionano pur essendo diverse tra loro, evidentemente l'agente terapeutico deve risiedere proprio nei fattori comuni a tutte. Frank 1961

Riporto un passo di una ricerca dell'American Psycological Association che parla di Psicoterapia

"*I risultati della psicoterapia sono stabili nel tempo?*" *(http://www.psychomedia.it/spr-it/artdoc/migone96.htm)*

Analogamente, riguardo ai fattori "aspecifici", si fa riferimento alla ipotesi di Frank (1961), il quale sostenne che se tutte le psicoterapie funzionano pur essendo diverse tra loro, evidentemente l'agente terapeutico deve risiedere proprio nei fattori comuni a tutte, e individuò questi fattori in determinate condizioni del setting e del rapporto terapeutico che servirebbero a inquadrare i problemi del paziente all'interno di una cornice esplicativa convincente, a "sollevare il morale" del paziente cosicché verrebbe innescata una catena di reazioni verso il cambiamento, e così via. Frank ad esempio ha identificato quattro elementi fondamentali "aspecifici" condivisi da tutte le psicoterapie (vedi Parloff, 1985, pp. 25-28):

I terapeuti offrono uno speciale tipo di rapporto: essi mostrano interesse per il benessere del paziente, ed incoraggiano la formazione di una relazione emotiva di fiducia e di comunicazione.

L'ambiente (setting) della terapia è molto particolare: si fa in modo di creare nello studio o nell'istituzione psicoterapeutica un'atmosfera che incoraggi i pazienti a credere che essi sono in un luogo sicuro – un santuario – che è "sorvegliato da un tollerante protettore".

Il terapeuta fornisce una schema concettuale: al paziente viene proposta una spiegazione per i suoi "irrazionali o sconcertanti comportamenti e stati soggettivi", e viene detto come la terapia risolverà i suoi problemi. Le formulazioni devono essere convincenti per il paziente, cioè devono essere inserite nella "cosmologia dominante della sua cultura". La accettabilità di queste formulazioni è rinforzata dalla copertura scientifica o religiosa.

La terapia fornisce la prescrizione di un insieme di procedure basate sullo schema concettuale. Queste procedure costituiscono il veicolo e la giustificazione per il mantenimento del rapporto terapeutico. Le tecniche possono fornire al paziente una ulteriore prova della cultura e della competenza del terapeuta. Le tecniche dotate di un notevole impatto o che producono effetti drammatici, come certe alterazioni dello stato soggettivo o di coscienza, sono particolarmente utili per la loro funzione di sollevare il morale del paziente.

E' ovvio che se i fattori "aspecifici" fossero i veri fattori terapeutici, essi diventerebbero automaticamente "specifici", mentre quei fattori che molte psicoterapie ritengono specifici (cioè gli aspetti "tecnologici" dell'intervento, come ad esempio la interpretazione per la psicoanalisi, il decondizionamento per la terapia comportamentale, la modificazione delle credenze patogene per la terapia cognitiva, ecc.) diventerebbero automaticamente fattori "aspecifici", una sorta di "razionalizzazione" della psicoterapia vera e propria. La risposta a questi problemi può venire solo dalle ricerche sul processo, isolando le singole variabili (o costellazioni di variabili) e studiandone l'efficacia relativa.

Un'altra critica frequentemente mossa è che le prove emerse dalle ricerche non sarebbero sufficienti per fare generalizzazioni radicali, e questo per due motivi principali. Secondo il primo motivo sarebbe prematuro sottoporre la psicoterapia a un rigoroso metodo di ricerca, in quanto troppo complessa. Da una parte alcuni sostengono che non è possibile applicare alla psicoterapia i metodi delle scienze naturali, in quanto la psicoterapia sarebbe una disciplina idiografica (unica, irripetibile – si veda però a questo proposito la critica di Holt [1962] alla dicotomia nomotetico-idiografico); dall'altra vi sono coloro che svalutano la ricerca sul risultato, perché totalmente inutile in quanto non si sa perché e come funziona (non si conosce cioè il processo). Propongono quindi rigorose ricerche sul processo, anzi sui microprocessi, allo scopo di formulare microteorie del processo per cogliere il dato nel modo più preciso possibile. Ma, come osserva Parloff (1985, pp. 30-31), la strategia di separare nettamente la ricerca sul processo da quella sul risultato si rivela anch'essa di poca utilità. Inoltre esistono ostacoli formidabili nella ricerca sul processo: l'"effetto Rashomon", per esempio, secondo il quale un singolo evento a volte viene percepito molto *diversamente dal terapeuta, dal paziente e dal ricercatore, per cui non si sa bene in cosa consista l'obiettività del dato (il termine Rashomon deriva dal famoso film di Kurosawa del 1951). Questo problema (che per la verità è legato a tematiche ben più complesse, come la crisi del positivismo ottocentesco) è stato sempre tenuto presente dalla psicoanalisi, soprattutto dalla tradizione della psicoanalisi interpersonale, dove si sa che ogni evento viene comunque vissuto (o "costruito") transferalmente – o, se è per questo, controtransferalmente. Si pensi ad esempio a quante volte un intervento non direttivo viene percepito come direttivo, oppure a come una supposta passività del terapeuta venga percepita come attività o viceversa (queste problematiche emersero chiaramente molto presto anche nei tentativi di Luborsky [1984, p. 72] di formulare il suo manuale, quando si accorse che era ben difficile distinguere le tecniche supportive da quelle espressive solo sulla base degli aspetti descrittivi – come se il manuale volesse essere una sorta di "DSM-III della psicoanalisi" – nel senso che alcuni interventi espressivi per eccellenza, come ad esempio la interpretazione, si caratterizzano proprio per la loro azione di "rafforzamento dell'Io", quindi per la loro natura supportiva)."*

Se sostituissimo l'Astrologia alla psicoterapia, e paziente con consultante, così come descritto in questo testo, avremmo una possibile spiegazione del perché l'approccio di counseling astrologico, quindi l'Astrologia stessa, funzioni.

Vi prego di rileggere con attenzione il passaggio virgolettato di apertura del capitolo perché è illuminante. Provate a pensarci. Non parliamo di previsione degli eventi, ma d'interpretazione e supporto agli accadimenti reali e psichici di un soggetto. Allo stesso modo potremmo, anziché descrivere la personalità di un soggetto che viene da noi per una consulenza, "motivarlo", ovvero trasformare ciò che una definizione astrologica asserisce, in una pillola di costruttività proattiva.

Banalizzo con un esempio. Siamo abituati, chi più chi meno, ad affermare, definire una donna Ariete, con Venere in Ariete: *"sei una donna amazzone"*. Bene, se invece dicessimo: *"devi scoprire quelle qualità dell'amazzone o, se già le conosci, provare a metterle in pratica, con impeto misurato e attento alle necessità del mondo che ti è attorno"*? A mio avviso, senza conoscere null'altro del tema, è una frase che funziona meglio ed è più utile della prima interpretazione. Fermo restando, quanto asserito nella citazione, è ovvio che nella comunicazione, per quanto limpida possa essere, il consultante potrà percepire sfumature diverse che noi magari neppure abbiamo fornito, ma è un dato di fatto intrinseco alla comunicazione-scambio intesa fra soggetti diversi. L'importante è che il consultante, l'interlocutore ci passi il feedback su cosa davvero ha inteso dalle nostre parole. Quindi anche chiedere di farci un "rewind" rispetto a ciò che ha interpretato dalle medesime è fondamentale. Ma senza entrare nel dettaglio delle tecniche di comunicazione e relazione, appare evidente che, a prescindere dallo strumento, l'Astrologia o altro metodo di relazione/mediazione (anche la lettura delle foglie di Tè) tra individui funzioni comunque come "migliorativo" dello stato di benessere "psichico" (intendo quest'ultima parola, in questo contesto, con un senso molto banale come benessere generalizzato).

Dunque, tutti gli approcci di counseling, compreso quello astrologico, funzionano; allora meglio motivare che descrivere passivamente un carattere. Che poi l'Astrologia possieda una semantica simbolica più evoluta di altre discipline, permetta di descrivere meglio gli stati emotivi, psichici di un soggetto, è fuori di dubbio, ma il perché funzioni, è un tratto comune a molti altri approcci.

E quindi?

Ciò che è emerso dalla lettura dei due capitoli intitolati rispettivamente a) **motivazioni psicologiche**, b) **il modello di C. G. Jung secondo cui l'Astrologia funziona** e citando fonti e Autori diversi, è che l'Astrologia agisce perché è "creduta", perché è un linguaggio descrittivo. L'Astrologo e il consultante si relazionano tramite il suo linguaggio e leggono il mondo, gli danno una forma, in funzione dei significati e dei significanti astrologici passando dal vissuto reale del soggetto o dall'ambiente che si cerca d'interpretare. Sino ad ora non ho parlato di previsione, ma d'interpretazione, poiché anche la previsione non è altro che un'interpretazione di una possibile realtà futura. Abbiamo scoperto che il consultante e l'astrologo sono responsabili, in questo percorso, della lettura che si può fornire della realtà. L'Astrologia permette di limare o eliminare totalmente la dissonanza cognitiva che può nascere nelle persone quando vivono "nel mondo", in un ambiente, ma nello stesso tempo i metodi d'indagine astrologici sono anch'essi frutto di un livellamento della dissonanza cognitiva, o meglio l'Astrologo cerca in ogni modo di adattare e creare nuove teorie pur di aver ragione della realtà e di piegarla. E' doveroso ricordare che, meno articolate e complesse sono le regole da applicare nell'interpretazione di un tema, meno *escamotage* l'Astrologo deve tirar fuori per adattare una sua interpretazione alla realtà, più vicino sarà a una teoria elegante e veritiera.

Tra gli elementi più importanti abbiamo visto come i campi morfici di Sheldrake possano essere messi in relazione e spiegare diversi esperimenti citati come quelli di Rosenthal, Cordero e i restanti raccontati da Watzlawick. Il campo morfico mantiene i contenuti, la conoscenza, le esperienze degli appartenenti a ciascuna specie, e li mette a disposizione delle successive. Allo stesso modo, seppure con delle differenze concettuali, gli archetipi di Jung possono assolvere al medesimo compito, ovvero diventare delle forme, in partenza vuote, che vengono riempite di significato quando entrano in relazione con l'inconscio personale, ma che in potenza racchiudono le infinite possibilità di manifestazione. E' possibile inoltre ipotizzare come lo stesso Jung afferma che alcune rappresentazioni archetipiche con il trascorrere del tempo, come i campi morfici, memorizzino le esperienze degli uomini e le lascino a disposizione nel momento in cui quest'ultimo ne abbia bisogno. L'archetipo, come abbiamo ricordato, è pura forma priva di contenuto. Non entro nel dettaglio delle differenze fra entrambe le visioni, perché non è l'obiettivo di questo libro, ma cerco di evidenziare come ci siano molti tratti comuni che in un certo modo rimandino a una visione unitaria e panica della realtà. Di conseguenza, qualora si adottasse un approccio o l'altro per cercare di spiegare perché l'Astrologia funzioni, noi potremmo usare le forme dei campi morfici o degli archetipi. L'Archetipo della madre, ad esempio, rappresentato dalla Luna, e l'archetipo di freddezza e razionalità, rappresentato da Saturno, presi a se stanti, parlano di pura forma che può contenere infiniti tipi di madre o di distacco. La madre può essere buona, cattiva, affettuosa, ma queste ultime qualità appaiono quando l'archetipo entra in relazione con un altro. Luna e Saturno si toccano, astrologicamente parlando, ad esempio formano un aspetto e appare la rappresentazione archetipica della donna/madre che può essere fredda, distaccata, razionale, organizzata, razionalmente rassicurante. Il modo in cui l'aspetto Luna-Saturno, la sua rappresentazione archetipica prende forma nella realtà, noi possiamo provarlo a dedurre dalla tipologia di aspetto astrologico (di tensione o fluido), dal racconto che il consultante fa della propria vita. Noi sappiamo che quella coppia di pianeti ha un peso importante e possiede delle qualità che, probabilmente, sono apparse nella vita del cliente, ma non siamo sicuri di come lui le abbia vissute: consapevolmente o inconsapevolmente, in che modo si siano concretizzate. Anche un aspetto di tensione con le qualità di Luna-Saturno può essere stato rielaborato, come ad esempio "mettere i piedi ben piantati in terra" da un soggetto che nel proprio oroscopo magari è privo di elementi terra, ma possiede molti elementi acqua e aria. L'aspetto è vissuto come stabilizzante o che spinge a cercare la stabilità. Anche il pianeta in un segno mette assieme, fa sorgere, la rappresentazione archetipica dei due elementi considerati.

    L'inconscio collettivo, gli archetipi, la sincronicità, sono gli strumenti che permettono di scardinare i concetti di spazio e tempo, per poi integrarli in una visione olistica e unitaria, certamente molto più funzionale e utile all'uomo.

Fisica Quantistica

"La meccanica quantistica (anche detta fisica quantistica) è la teoria fisica che descrive il comportamento della materia, della radiazione e le reciproche interazioni, con particolare riguardo ai fenomeni caratteristici della scala di lunghezza o di energia atomica e subatomica.

Come caratteristica fondamentale, la meccanica quantistica descrive la radiazione e la materia sia come fenomeno ondulatorio che come entità particellare, al contrario della meccanica classica, dove per esempio la luce è descritta solo come un'onda o l'elettrone solo come una particella. Questa inaspettata e contro intuitiva proprietà, chiamata dualismo onda-particella, è la principale ragione del fallimento di tutte le teorie classiche sviluppate fino al XIX secolo. La relazione fra la natura ondulatoria e quella corpuscolare delle particelle è definita nel principio di complementarità e formalizzata nel principio di indeterminazione di Heisenberg." [141]

Come vedremo, l'interpretazione della realtà fisica attraverso gli occhi della meccanica quantistica apre a diverse possibili interpretazioni del come funzioni la natura. Ricordando quello che scriveva Niels Bohr « *Non esiste alcun mondo quantistico. C'è solo un'astratta descrizione fisica. È sbagliato pensare che il compito della fisica sia di scoprire com'è la natura. La fisica riguarda quello che noi possiamo dire a riguardo della natura...* »[142] Questa

---

[141] *https://it.wikipedia.org/wiki/Meccanica_quantistica*

frase è perfettamente declinabile anche per l'Astrologia: *"Non esiste alcuna realtà. C'è solo un'astratta descrizione della stessa attraverso i simboli astrologici. E' sbagliato pensare che il compito dell'Astrologia sia di scoprire qual è la natura umana. L'Astrologia riguarda, a mio avviso, quello che noi possiamo dire sulla natura umana attraverso l'interpretazione."*

L'Etere

Gli scienziati hanno analizzato la quantità di materia visibile presente nell'universo ed è ipotizzabile che soltanto il 10% rispetto al totale esistente sia consistente. Di primo acchito sembra strano quindi che il restante 90% occupi uno spazio corrispondente al vuoto. Gli scienziati, comunque, definiscono questo spazio etere. È possibile dunque ipotizzare che l'etere, vista la sua estensione, abbia una qualsiasi funzione all'interno dell'esistente, del mondo. Durante il XVII secolo Isaac Newton usava la parola etere per riferirsi ad una sostanza invisibile che permeava l'intero universo, ritenendola responsabile della gravità e delle sensazioni corporee. Soltanto nel XIX secolo J. Maxwell descrisse in maniera più scientifica l'etere come una *"sostanza materiale di tipo più sottile rispetto ai corpi visibili, che si suppone esista nelle aree di spazio che appaiono vuote"*. Nei primi del Novecento Lorentz, premio

---

[142] *Come quotato in "The philosophy of Niels Bohr" di Aage Petersen, nel Bulletin of the Atomic Scientists Vol. 19, No. 7 (September 1963); The Genius of Science: A Portrait Gallery (2000) di Abraham Pais, p. 24, e Niels Bohr: Reflections on Subject and Object (2001) di Paul. McEvoy, p. 291*

Nobel per la fisica, affermò: "*non posso fare a meno di considerare l'etere, che può essere sede di un campo elettromagnetico con la sua energia le sue vibrazioni, come dotato di un certo grado di consistenza, quantunque diversa possa essere da quella della comune materia*". Lo stesso A. Einstein riteneva: lo spazio senza etere è impensabile. Nel dettaglio affermava: "*in un siffatto spazio, senza etere, non solo non potrebbe venire la diffusione della luce ma non sarebbe nemmeno possibile l'esistenza di standard riferiti allo spazio e al tempo*"[143].

Un esperimento per provare l'esistenza dell'etere è stato compiuto nel 1887 da Albert Michelson e da Edward Morley. L'ipotesi di partenza era che l'etere esisteva realmente come entità a se stante e che il movimento della terra attraverso lo spazio avrebbe dovuto creare un movimento analogo nello stesso. I due scienziati ipotizzarono che sarebbe stato possibile evidenziare il movimento dell'etere e, dunque la sua esistenza, attraverso un esperimento, ovvero sparando contemporaneamente due elettroni in direzioni opposte, fissando dei rilevatori alla medesima distanza in uno spazio lineare e misurando il tempo di percorrenza. Il risultato sarebbe dovuto essere che uno degli elettroni, quello che si muoveva nella direzione dell'etere, sarebbe dovuto arrivare prima dell'altro, così come accade per le navi che viaggiano a favore di corrente. L'esperimento fu condotto, ma l'esito non avvalorava la tesi sull'esistenza dell'etere, questo non significava però che l'etere non esistesse e, una successiva interpretazione del risultato, sarebbe

---

[143] Cfr Gregg Braden, *La Matrix Divina*, Macro Edizioni, Cesena 200.

potuta essere che non si fosse colto il movimento dello stesso. Nel 1986 la rivista *Nature* ha pubblicato una ricerca dal titolo: "relatività speciale", condotto per conto dell'aviazione degli Usa da E. W. Silvertooth[144]. Durante questo esperimento si riutilizzò l'ipotesi delle teorie dei primi due sperimentatori ma, essendo trascorsi più di 100 anni, si utilizzarono strumenti molto più sensibili alle misurazioni e, in effetti, i rilevamenti effettuati in questo nuovo esperimento confermarono l'ipotesi di partenza che dei due fotoni sparati, uno raggiungeva prima dell'altro la destinazione, proprio perché a favore di etere.

A questo punto è lecito chiedersi: a cosa serve l'etere? Senza dubbio, poiché l'etere rappresenta il 90% dell'esistente non visibile, possiede sicuramente una sua utilità, una sua funzione. Vedremo più avanti che l'etere permetterebbe la comunicazione tra le parti di materia visibile, ma la domanda successiva è: come viaggiano le informazioni attraverso esso? Un'altra considerazione fondamentale che sorge da questo discorso è che l'etere, avvolgendo tutto l'esistente, in un certo qual modo ci tiene in comunicazione con il tutto, perché tutto ciò che esiste è immerso nella medesima sostanza che, qualora risultasse conduttrice di qualsiasi forma di energia. ci permetterebbe di affermare che ogni cosa è in relazione con l'altra e quindi vivremmo in un mondo "panico", caro ai filosofi greci.

---

[144] https://www.youtube.com/watch?v=g_loyzL9Wi4

Carl Gustav Jung, Wolfgang Pauli e la sincronicità

"Il fenomeno della sincronicità è quindi la risultante di due fattori: 1) un'immagine inconscia si presenta direttamente (letteralmente) o indirettamente (simboleggiata o accennata) alla coscienza come sogno, idea improvvisa o presentimento; 2) un dato di fatto obiettivo coincide con questo contenuto."[145]

"... la sincronicità è un tentativo di porre i termini del problema in modo che, se non tutti, almeno molti dei suoi aspetti e rapporti diventino visibili e, almeno spero, si apra una strada verso una regione ancora oscura, ma di grande importanza per quanto riguarda la nostra concezione del mondo." [146]

Che cosa hanno in comune la sincronicità e la fisica quantistica? Forse il caos probabilistico delle particelle subatomiche si mescola con l'altrettanto probabilistico caos delle nostre vite che si manifestano in accadimenti concreti o psichici. Se esiste una legge unica, un unico principio che governa il mondo fisico allo stesso modo, il medesimo principio governerebbe il mondo psichico. Jung e Wolfgang Pauli hanno cercato questo principio universale, l'hanno identificato con il nome di sincronicità. Si rilegga a tal proposito il relativo capitolo del presente libro: **La sincronicità**. Nel momento in cui spazio, tempo, causalità non sono più sufficienti per spiegare la vita umana e gli eventi quantistici, allora prende forma la sincronicità descritta da Jung e Pauli. Il principio del quarto escluso, tanto caro all'alchimia,

---

[145] C.G. Jung, *La sincronicità come principio di nessi acausali*, Opere, vol. VIII, pag. 477, Torino, Boringhieri, 1983
[146] C.G. Jung, *Naturerklärung und Psyche*, prefazizone, 1952

appare nella rappresentazione dei due scienziati: spazio e tempo sono in relazione fra loro, come causalità e sincronicità.

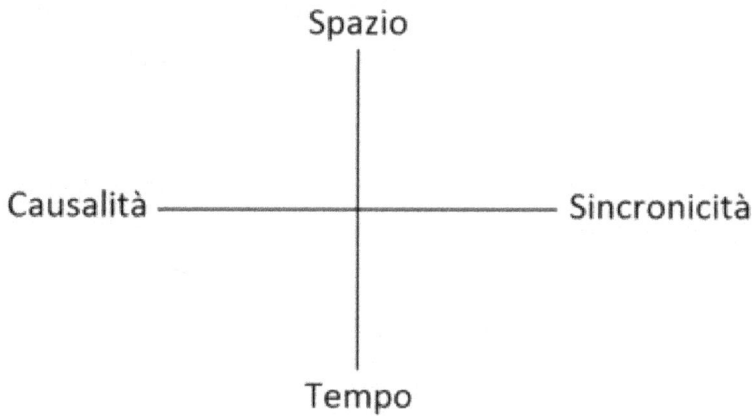

Come per il principio d'indeterminazione di Heisenberg (impossibilità di conoscere contemporaneamente la posizione e la velocità di un elettrone per il fatto stesso che si osservi uno dei suoi stati) [147], o per l'esperimento della doppia fenditura di Taylor, di cui abbiamo letto nei capitoli precedenti, possiamo affermare con le parole di Jung che: "*La sincronicità avviene come coincidenza di eventi nello spazio e nel tempo come qualcosa che va ben oltre il puro caso; si tratta di una peculiare interdipendenza di eventi*

---

https://it.wikipedia.org/wiki/Principio_di_indeterminazione_di_Heisenberg #Portata_epistemologica "*In meccanica quantistica il principio di indeterminazione di Heisenberg stabilisce i limiti nella conoscenza, o determinazione, dei valori che grandezze fisiche coniugate[1] assumono contemporaneamente in un sistema fisico. Fu enunciato nel 1927 dal fisico tedesco Werner Heisenberg ed è un costituente fondamentale della teoria.*"

obiettivi sincronici con lo stato soggettivo dell'osservatore." Quando le particelle subatomiche sono nello stato di *entanglement* quantistico possiamo affermare che vivono il principio di sincronicità poiché sono in relazione continua al di là dello spazio e del tempo, sono in relazioni a-casuale. Che cosa sia l'*entanglement* è spiegato da Wikipedia: *"L'entanglement quantistico o correlazione quantistica è un fenomeno quantistico, privo di analogo classico, per cui in determinate condizioni lo stato quantico di un sistema non può essere descritto singolarmente, ma solo come sovrapposizione di più sistemi. Da ciò consegue che la misura di un'osservabile di uno determina istantaneamente il valore anche per gli altri.*

Poiché risulta possibile dal punto di vista sperimentale che sistemi come quelli descritti si trovino spazialmente separati, l'entanglement implica in modo controintuitivo la presenza di correlazioni a distanza (teoricamente senza alcun limite) tra le loro quantità fisiche, determinando il carattere non locale della teoria.

Il termine "entanglement" (letteralmente, in inglese, groviglio, intreccio) fu introdotto da Erwin Schrödinger in una recensione del famoso articolo sul paradosso EPR[1], che nel 1935 rivelò a livello teorico il fenomeno."[148]

A proposito dell'*entanglement* quantistico, Massimo Teodorani ipotizza un esperimento in cui due particelle siano in stato di entanglement, una si trovi in laboratorio e l'altra a un anno luce di distanza, l'Autore scrive: *"Se un osservatore utilizza un*

---

[148] https://it.wikipedia.org/wiki/Entanglement_quantistico

microscopio per osservare le particelle che sono rimaste in laboratorio, questa azione, basata sull'emissione di fotoni per illuminare, altera inevitabilmente la stato quantico della particella. La perturbazione indotta dall'osservatore determina l'inversione del segno dello "spin" della particella, cioè il senso di rotazione. In questo modo, quando si entra nel mondo dell'infinitamente piccolo, l'osservatore modifica la realtà osservata e quindi ciò che vediamo di questo micro-universo è solo il risultato della nostra interazione con essa. Abbiamo appena parlato della prima particella, quella che è rimasta nel nostro laboratorio, e che dobbiamo osservare attraverso il nostro apparato sperimentale perturbando il suo spin."

Cosa accade, dunque, alla seconda particella? *"La risposta è che, nello stesso istante in cui la particella che si trova in laboratorio è osservata con lo strumento, l'altra particella a sua volta inverte il segno del suo spin in modo perfettamente sincronizzato con la prima particella, cioè in tempo zero. Se ciò non avvenisse, la legge di conservazione dello spin sarebbe violata.*

Da tutto ciò, è chiaro che quando si passa dal macro-mondo - uno dominata dalla velocità della luce e descritto dalla fisica classica e dell'astrofisica al il micro-mondo si entra in un dominio che è disciplinato da leggi completamente diverse, sebbene entrambi i domini possono essere descritti dallo stesso tipo di sofisticate infrastrutture. Ma la cosa che davvero sorprende è che nel microscopico regno della meccanica quantistica la sincronia tra particelle diventa possibile, in modo che la comunicazione di informazioni avvenga in maniera istantanea annullando i vincoli di tempo e di spazio."[149]

---

[149] B. E. Baaquie, F. Carminati, J. Demongeot, G. Galli Carminati, F. Martin, M. Teodorani, *Quantum Psyche*, Giugi Edittion, 2015, pagg. 234-235. Traduzione a cura di Paolo Quagliarella

Esperimenti interessanti

Sono numerosissimi gli esperimenti dai quali possiamo cogliere come il mondo non sia così come appare semplicemente ai nostri sensi, ma più ricco e aperto a diverse interpretazioni. Di seguito propongo alcuni passi estrapolati dal libro di Gregg Braden e seguo, da un certo punto di vista, la sua logica espositiva che mi permetterà di tracciare un'altra possibile interpretazione di come funzioni l'Astrologia.

Alain Aspect – Etere [150]

Nel 1997 sono stati divulgati alcuni risultati scientifici riguardanti un esperimento di fisica quantistica condotto presso l'Università di Ginevra. Quest'ultimo consisteva nel dividere un fotone in due singoli come se fossero gemelli, in seguito sono poi stati sparati in direzioni opposte attraverso i cavi in fibra ottica per decine di chilometri. Tale distanza per un fotone rappresenta quasi una lunghezza infinita se pensiamo a quanto possa essere grande; possiamo quindi parlare di spazio tendente all'infinito. All'interno del percorso in un determinato punto simmetrico ed equidistante rispetto al tratto opposto ad entrambi, era posta una deviazione che il fotone poteva scegliere in maniera totalmente indipendente, ebbene i due fotoni sceglievano sempre lo stesso percorso in maniera simmetrica. Da questo esperimento appariva come se i

---

[150] http://www.ilsole24ore.com/art/notizie/2013-11-10/i-due-fotoni-alain-aspect-084326.shtml?uuid=ABIEIKc&refresh_ce=1

fotoni fossero collegati e avessero la possibilità di scambiarsi l'informazione su quale percorso scegliere e la condividessero.[151]

---

[151] https://it.wikipedia.org/wiki/Esperimenti_sulle_disuguaglianze_di_Bell

L. Poponin, P. Garjajev – DNA Fantasma

Tra gli esperimenti degni di nota ve n'è uno che dimostra l'influenza del DNA umano sui fotoni, condotto da Poponin e Garaiev[152]. All'interno di un contenitore è stato realizzato il vuoto, in seguito sono stati inseriti dei fotoni che si sono disposti in maniera casuale. In un secondo tempo è stato inserito del DNA umano, a questo punto la distribuzione dei fotoni è variata. Annotate le caratteristiche della variazione, dal contenitore è stato rimosso il DNA e sono stati mantenuti soltanto gli elettroni. Ebbene, pur avendo rimosso la materia organica, i fotoni sono rimasti disposti nello stesso modo in cui lo erano quando nel contenitore vi era il DNA. Il risultato dell'esperimento evidenzia come in un certo qual modo il "campo" all'interno del contenitore è stato modificato dal materiale organico, ma dobbiamo ricordare che all'interno del contenitore non vi era nulla se non vuoto, DNA, fotoni... di cosa è allora composto questo campo invisibile, cos'è?

---

[152] http://www.fisicaquantistica.it/scienza-di-confine/la-wavegenetic-genetica-ondulatoria

Emozioni e DNA

In un'ulteriore ricerca pubblicata nel 1993 sul periodico Advances[153], l'esercito americano afferma di aver condotto alcuni esperimenti per trovare il legame tra emozione e il DNA. A tal proposito è stato isolato, tramite dei tamponi, del DNA prelevato dalla lingua di un soldato; quest'ultimo è stato messo in una stanza nella quale erano proiettati filmati con immagini di forte impatto emotivo: scene erotiche, di guerra, comiche. In un'altra stanza, nello stesso edificio, era stato portato il suo DNA ed esaminato tramite apparecchi che ne misuravano le variazioni elettriche, mentre contemporaneamente dall'altra parte il soldato visionava i film. L'esperimento ha mostrato che il DNA produceva scariche elettriche, o quantomeno vi erano delle alterazioni dello stesso in concomitanza delle **variazioni emotive** del soggetto che guardava il film nell'altra stanza. Tale risultato fa pensare che il DNA fosse ancora come collegato con il corpo del soldato cui apparteneva, cosa che invece non era assolutamente vera. Sono stati condotti altri esperimenti dello stesso tipo tenendo anche il DNA a diversi kilometri di distanza e il risultato non è cambiato. Questi risultati non fanno altro che confermare che ci sia qualcosa nello spazio che permetta la comunicazione tra due parti/soggetti che, seppure lontani fisicamente, essendo stati in contatto, anzi in questo caso essendo un tutt'uno, mantengono allo stesso modo una relazione al di fuori dello spazio. Alla luce di quanto esposto in precedenza a

---

[153] *Cfr. The secret of life in your cells Center for Neuroacoustic Research 2000; The Physiological and Phychological effects of compassion and anger 1995 Advances 1993*

proposito dell'*entanglement* quantistico è ipotizzabile che il DNA mantenga una relazione con se stesso, oltre lo spazio e il tempo. Il campo in cui esiste, permette dei collegamenti istantanei magari attraverso la sincronicità, chi può dirlo? Certo, come si vedrà più avanti, sono state costruite delle ipotesi matematico-scientifiche sulla possibile validità di questa nostra idea.

Tra il 1992 e il 1995 l'*Institute of HeartMath,* attraverso delle indagini scientifiche, ha evidenziato come il pensiero umano e le emozioni potessero modificare quantità di DNA posto in un becker e, a seconda del tipo di focalizzazione del pensiero stesso, cambiava anche la tipologia di mutazione del DNA. Il fisico Max Planck, nel XXI secolo affermava: *"avendo dedicato tutta la mia vita alla scienza più lucida, lo studio della materia, posso affermare questo sui risultati della mia ricerca sulla materia. La medesima non esiste in quanto tale ma ha origine solo in virtù di una forza che fa vibrare le particelle atomiche che insieme quel minuscolo sistema solare che è l'atomo... dobbiamo presumere che dietro questa forza esiste una mente cosciente e intelligente. Questa mente è la matrice di tutta la materia."*[154]

---

[154] citazione da un discorso tenuto da Max Planck a Firenze nel 1944, dal titolo *"Das Wesen der Materie"*. Fonte: *Archiv zur Geschichte der Max-Planck-Gesellshaft, Abt. Va, Rep. II Planck, N. 1797.*

Doppia fenditura

Tra gli altri esperimenti interessanti vi è quello condotto nel 1909 da G. I. Taylor che è stato denominato "della doppia fenditura". Durante questa sperimentazione viene sparato un elettrone in uno spazio in cui vi è una fenditura e oltre essa vi sono dei rilevatori che verificano lo stato d'arrivo del fotone. In questa prima tipologia di esperimento si parla dell'elettrone come di un corpuscolo (oggetto) che attraversa un "foro", giusto per semplificare la spiegazione. E' stato condotto il medesimo esperimento ponendo due fenditure anziché una. Il buon senso ci dice che l'elettrone avrebbe dovuto attraversare una delle due e giungere sui rilevatori come accaduto nel primo esperimento, invece, ciò non è accaduto. L'elettrone, pur essendo partito in condizioni di corpuscolo, si è comportato come un'onda e ha attraversato contemporaneamente le due fenditure, ma la particolarità sta nel fatto che l'elettrone non poteva sapere che vi fossero due fenditure. Ogni qualvolta questo esperimento viene condotto, il risultato è sempre lo stesso. Guardando dall'esterno all'esperimento, gli unici a conoscere che le fenditure fossero due, erano gli scienziati (osservatori); si è portati naturalmente a pensare che in un certo qual modo sia stato l'osservatore a modificare lo stato della materia e il risultato dell'esperimento.

V'invito a guardare i seguenti video. Il primo spiega l'esperimento della doppia fenditura:

https://www.youtube.com/watch?v=LXf35olSYcw

Mentre il secondo mostra l'*entanglement* quantistico ovvero come una parte sia sempre in relazione con il tutto e con un'altra parte che è stata in relazione, in qualche modo, con la prima.

https://www.youtube.com/watch?v=v-EeyHU7E6c

Esistono tre teorie che cercano di spiegare scientificamente il fenomeno, le riassumo:

1. Interpretazione di Copenaghen;
2. Interpretazione degli universi paralleli;
3. Ipotesi Penrose.

L'interpretazione di Copenaghen è stata sviluppata da N. Bohr e da W. Heisenberg nel 1927. Secondo i due scienziati, tutte le ipotesi quantistiche su un evento esistono in forma caotica, ovvero tutto è possibile nelle sue infinite manifestazioni, ma nel momento in cui interviene l'osservatore con il suo focalizzarsi sul fenomeno, lo rende attivo, reale, lo trasforma da probabile a certo, come nell'esperimento della doppia fenditura. Heisenberg afferma che non si possono conoscere contemporaneamente velocità e posizione di un elettrone in un atomo, in effetti i due elementi sono due realtà quantistiche diverse e l'attenzione dell'osservatore può rendere reale una soltanto, a seconda di quella su cui si focalizza.

L'interpretazione degli universi paralleli è stata formulata nel 1957 all'Università di Princeton da Hugh Everett III. Lo scienziato ha affermato che tutte le possibilità quantistiche esistono e accadono ciascuna in un universo diverso, ma l'osservatore segue una sola linea temporale, un solo universo, quindi può solo saltare da uno all'altro, ma non può vivere contemporaneamente in due distinti. Così facendo, come nella prima interpretazione, è l'osservatore che rende possibile il fenomeno. In entrambe le teorie non è stata considerata la legge di gravità si è sempre parlato di energia, quindi risultava impossibile fornire una lettura che unisse la fisica einsteniana con quella quantistica.

L'ipotesi di Penrose ha cercato di fare proprio questo di fornire una teoria unitaria. Lo scienziato ha esposto la propria idea in questi termini: la materia (l'elettrone che si comporta come onda e l'elettrone che si comporta come corpuscolo) esiste e crea gravità attorno a sé. Affinché il campo gravitazionale e l'esistenza stessa siano mantenuti, sono necessari grandi energie che tengano vive una o l'altra ipotesi, per tanto non possono coesistere entrambe. Nel momento in cui l'osservatore focalizza l'attenzione su una piuttosto che sull'altra, la prima prende forma e diventa reale ed è proprio quella che ha bisogno di minor energia per esistere, mentre la seconda collassa.

Marco Todeschini - Etere

Ai concetti esposti da Margenau, Jung e da altri tra gli scienziati citati, era arrivato anche prima di loro, nei primi del '900, Marco Todeschini[155] fisico italiano in odore di Nobel, il quale, attraverso le sue teorie, aveva trovato il tanto ricercato campo unificato, cioè una sola legge naturale che regolasse tutto il mondo fisico (meccanica quantistica e non), così come ipotizzato anche da Jung e Pauli. Todeschini, sinteticamente, affermava che esiste l'etere, una sostanza fisica invisibile ma consistente, come un enorme mare che tutto permea (lo ha dimostrato con degli esperimenti scientifici riproducibili). La nostra percezione sensoriale non sarebbe altro che la raccolta, da parte dei nostri organi di senso, del movimento dell'etere (immaginate le onde che si propagano al cadere di un sasso in acqua). I nostri sensi, dunque, trasformano in segnale elettrico l'informazione che attraversa i nostri nervi sino a raggiungere il cervello che, per il tramite dell'Anima, costruisce delle sensazioni, delle immagini, attraverso qualità belle, brutte piacevoli, ecc... La Teoria delle Apparenze, una delle teorie rivoluzionarie di Todeschini, ha dimostrato che, come i movimenti di materia solida, liquida, gassosa o sciolta allo stato di spazio fluido che s'infrangono contro i nostri organi di senso, vengono trasformati in correnti elettriche che, inviate ai centri cerebrali, suscitano nell'anima le varie sensazioni di forza, luce, suono, calore, odore, sapore, ecc. e così l'anima (maiuscola o minuscola?), attraverso tali sensazioni può, viceversa, incanalare

---

[155] http://www.circolotodeschini.com/chi-era-marco-todeschini/

correnti elettriche nelle linee nervose e negli organi di moto e di senso periferici, correnti che provocano campi magnetici, ossia movimenti nello spazio-ambiente. Il fenomeno è quindi reversibile e tale reversibilità è dimostrata dal fatto che l'anima umana, mediante l'emissione di forze, può provocare correnti elettriche per azionare a sua volontà gli organi di moto del corpo umano. Esisterebbero, quindi, un'Anima universale e un campo unico, l'etere.

L'idea di una mente universale non localizzata sembra spiegare molte cose. Diversi scienziati, come abbiamo letto, hanno ipotizzato la sua esistenza e fra questi vi è anche Rupert Sheldrake il quale ha ipotizzato l'esistenza di campi morfogeni che cambiano e si riempiono d'informazioni con l'esperienza degli individui che si cristallizza con il trascorrere del tempo. Sinteticamente, il biologo afferma che le leggi dell'universo, in quanto facenti parte di un campo, sono in continuo divenire con l'esperienza di chi le utilizza o, ancora più semplicemente, afferma che l'esperienza (fisica e non) che compie un singolo individuo di una comunità viene trasmessa geneticamente anche agli altri individui del gruppo. Nulla si perde, quindi, nell'entropia, ma resta memorizzato nel campo morfogenetico. Per meglio spiegare quest'ultima affermazione si può leggere dell'esperimento di W. McDougall[156] da cui si evince quanto affermato, ovvero che una famiglia di topi ha maturato una conoscenza della realtà attraverso l'esperienza di altri topi che non avevano alcuna relazione con i primi (si veda il

---

[156]http://www.performancetrading.it/Documents/LaRealta/LaR_Esperimenti William.htm

capitolo **Rosenthal – i topi e l'Oak school**). E' come affermare che, poiché io ho scoperto che l'acqua calda può ustionarmi, altri uomini che non hanno mai fatto tale esperienza, istintivamente, sentono di non doverci entrare in contatto perché sanno che farà male. **Le nostre azioni, dunque, non solo modificano il nostro mondo, ma possono cambiare anche quello degli altri.** Un altro campo, di più moderna scoperta scientifica risalente al 2012, già previsto sin dagli anni '60, è quello del Bosone di Higgs. L'esistenza del Bosone di Higgs e del campo a lui associato permette di comprendere il perché esista la realtà, perché le particelle abbiano una massa. Leggendo l'articolo[157], si evince che le teorie esposte richiamano o somigliano a quanto già teorizzato da Todeschini sull'Etere

---

[157] http://www.lastampa.it/2013/10/08/scienza/la-particella-che-dona-la-massa-ecco-che-cos-il-bosone-di-higgs-9zZ8exyklVrjBHrI0GDGHN/pagina.html

David Bohm – Olomovimento

David Bohm è stato un fisico e filosofo statunitense che *"Nel suo libro Universo, mente e materia, Bohm teorizza l'esistenza nell'universo di un ordine implicito (implicate order), che non siamo in grado di percepire, e di un ordine esplicito (explicate order), che percepiamo come risultato dell'interpretazione che il nostro cervello dà alle onde (o pattern) di interferenza che compongono l'universo.*

Bohm paragona l'ordine implicito a un ologramma, la cui struttura complessiva è identificabile in quella di ogni sua singola parte: il principio di località risulterebbe perciò falso. Poiché Bohm riteneva che l'universo fosse un sistema dinamico in continuo movimento, mentre il termine ologramma solitamente si riferisce a un'immagine statica, Bohm preferiva descrivere l'universo utilizzando il termine, da lui creato, di Olomovimento.

Dopo l'esperimento del 1982, in cui il teorema di John Stewart Bell viene confutato da Alain Aspect, rivelando una comunicazione istantanea fra fotoni a distanze infinitamente grandi, Bohm, che si era già confrontato con lo stesso problema durante la sua riformulazione del paradosso di Einstein-Podolsky-Rosen, ribadì come non vi fosse alcuna propagazione di segnale a velocità superiore a quella della luce, bensì che si trattasse di un fenomeno non riconducibile a misurazione spaziotemporale.

Il legame tra fotoni generati da una medesima particella sarebbe dovuto all'ordine implicito, nel quale ogni particella non è separata o "autonoma", ma fa parte di un ordine atemporale e aspaziale universale, cioè l'Olomovimento, il cui modello matematico implica un insieme di variabili nascoste. Bohm scrisse che «dobbiamo imparare a osservare qualsiasi cosa come parte di un'Indivisa Interezza» (Undivided Wholeness),cioè che tutto è uno."[158]

David Bohm è riuscito a dividere in due parti l'equazione di Schrödinger[159], una parte "locale" che obbedisce alla legge della fisica classica e una "non-locale" che descrive l'entanglement quantistico attraverso il potenziale quantico. *"Ciò significa che il mondo macroscopico può esistere solo se lo spazio e il tempo esistono, fisica locale. Dall'altro lato il mondo microscopico quantistico riceve indicazioni e informazioni istantaneamente attraverso il potenziale quantico. Il potenziale quantico non è una quantità che diminuisce come l'inverso del quadrato della distanza come per tutti i segnali elettromagnetici in fisica classica, ma non ha vincoli di spazio e di tempo. A un certo livello profondo della realtà, le particelle elementari non sono entità individuali, ma estensioni di un unico fondamentale "organismo", in modo tale che la loro separazione, a un livello più profondo della realtà, sembra essere solo un'illusione."*[160] Per spiegare come funzionasse la

---

[158] https://it.wikipedia.org/wiki/David_Bohm
[159] In meccanica quantistica l'**equazione di Schrödinger** è un'equazione fondamentale che determina l'evoluzione temporale dello stato di un sistema, ad esempio di una particella, di un atomo o di una molecola. Fonte Wikipedia: https://it.wikipedia.org/wiki/Equazione_di_Schr%C3%B6dinger
[160] Cfr. B. E. Baaquie, F. Carminati, J. Demongeot, G. Galli Carminati, F. Martin, M. Teodorani, *Quantum Psyche*, Giugi Edittion, 2015, pagg. 235-236. Traduzione a cura di Paolo Quagliarella

comunicazione istantanea, Bohm utilizzava la metafora della nave. *"Una delle particelle elementari è rappresentata come una nave che arriva in porto grazie alla forza dei motori, ma la nave è guidata dai segnali attraverso il radar. I motori rappresentano la meccanica classica mentre il radar rappresenta l'enorme potenziale (Bohmian, potenziale quantico). La grande potenza dei suoi motori porta la nave sul mare, ma il suo particolare percorso è determinato dai segnali radar. L'energia associata a questi segnali è trascurabile rispetto alla potenza dei motori. Ma tali segnali radar sono ricchi di informazioni e indicano con precisione la direzione della nave. Tutto questo per spiegare che la meccanica quantistica ci mostra la struttura della realtà cosmica composta da due fattori che interagiscono costantemente (attraverso "olomovimento", secondo Bohm): una struttura di forze che governa e una "guida" per il mondo della materia che fornisce informazioni su come muoversi."*[161] Secondo il modello di Bohm ci sono due realtà indissolubili, l'ordine implicito (il campo del potenziale quantico) e l'ordine esplicito, la materia che viviamo ogni giorno attraverso i nostri sensi che vivono nello spazio e nel tempo. La materia è dunque guidata nel suo divenire, ordine esplicito, dal campo di potenziale quantico, quindi essa possiede una coscienza che è al di fuori dello spazio e del tempo. *"Questa teoria rende l'universo un'entità globale dove gli eventi non si verifichino casualmente ma sono guidati da un "superiore", secondo la quale l'Universo stesso non solo ha una contemporanea coscienza di sé, ma anche il potere di comunicare in qualsiasi*

---

[161] ivi

momento ogni piccola componente di esso, a partire da particelle elementari". [162]

---

[162] ivi

Roger Penrose

Sir Roger Penrose *"è un matematico, fisico, cosmologo e filosofo britannico, noto per il suo lavoro nel campo della fisica matematica, in particolare per i suoi contributi alla cosmologia; si occupa inoltre di giochi matematici ed è un controverso filosofo (in particolare a lui si deve il concetto non verificato e attualmente considerato pseudoscienza, di "coscienza quantica", derivato da una sintesi di neuroscienza, filosofia e fisica quantistica). [...]Penrose, prendendo come spunto alcune scoperte di Stuart Hameroff, ha elaborato una teoria della consapevolezza umana secondo la quale la coscienza potrebbe essere il risultato di fenomeni quantistici ancora ignoti, che avrebbero luogo nei microtubuli dei neuroni e che rientrerebbero in una nuova teoria capace forse di unificare la teoria della relatività di Einstein con la meccanica quantistica (teoria della coscienza quantistica o "riduzione obiettiva orchestrata", abbreviata in Orch OR, da orchestred objective reduction).[1] La teoria è stata ripresa da altri scienziati, ma è stata attaccata da un altro fisico, Max Tegmark, che in uno scritto pubblicato sulla rivista Physical Review E ha calcolato che la scala di tempo di attivazione ed eccitazione di un neurone nei microtubuli è più lento del tempo di decoerenza per un fattore di almeno 10.000.000.000.*"[163]

Il mondo, i quanti secondo la teoria quantistica esistono in forma di probabilità, di funzione d'onda; nel momento in cui il quanto viene osservato, si dice che la funzione d'onda collassi e

---

[163] *https://it.wikipedia.org/wiki/Roger_Penrose*

lasci *apparire* la realtà. Quando avviene il collasso, la scelta della posizione per la particella è casuale. Non è un processo causale, la posizione non può essere prevista da alcuna formula o algoritmo matematico, la si scopre e basta, ma contemporaneamente non possiamo misurare la velocità della particella. Quello che abbiamo descritto è quanto avviene quando un sistema quantistico entra in relazione con l'ambiente esterno o viene osservato. Penrose ha, invece, ipotizzato un modello diverso di collasso della funzione d'onda nel momento in cui i quanti non sono soggetti a misurazioni, ovvero si trovano in un sistema chiuso; l'attimo del collasso è funzione del rapporto massa/energia degli oggetti, per di più il tempo in tale modello non è più continuo, quando si tratta di elementi di dimensioni molto piccole, ma è discreto. Il collasso di questa particolare forma d'onda è definito da Penrose: riduzione oggettiva (RO). Senza entrare maggiormente nel dettaglio delle formule, possiamo affermare che più grandi sono gli elementi che appaiono nella realtà, minore è il tempo che impiegano per manifestarsi. Ad esempio un elettrone isolato, come da modello proposto, per apparire spontaneamente nel mondo, dovrebbe impiegare milioni di anni, mentre un corpo di 1 KG, pochissimi secondi. Dal punto di vista della teoria della coscienza, l'aspetto più importante nella teoria di Penrose è che la scelta degli stati in cui accade la riduzione oggettiva avviene in modo casuale, diverso sia dalle misure originate dal fenomeno di decoerenza, sia senza alcuna logica algoritmica latente. L'incontro di Penrose con la teoria di Stuart Hameroff e dei microtuboli[164] del cervello ha aperto delle porte insperate alla conoscenza della coscienza.

Che cosa comporta nel concreto questa visione dei processi celebrali è riassunto nella parte dell'articolo che segnalo:
"<<*L'origine della consapevolezza riflette il nostro posto nell'universo, la natura della nostra esistenza. Forse la coscienza evolve da calcoli complessi nei neuroni del cervello, come afferma la maggior parte degli scienziati? O la coscienza, in un certo senso, è lì da sempre, come sostengono gli approcci spirituali?>> si chiedono Hameroff e Penrose nella revisione corrente.* " – La risposta degli scienziati è:
"Questo apre un potenziale vaso di Pandora, ma la nostra teoria concilia entrambi questi punti di vista, suggerendo che la coscienza deriva da vibrazioni quantiche nei microtubuli, polimeri proteici all'interno dei neuroni cerebrali, che governano le funzioni neuronale e sinaptica, e collegano i processi cerebrali ai processi di auto-organizzazione nella struttura quantica 'proto-cosciente' della realtà, di scala fine>>"

Dopo 20 anni di critica scettica, "l'evidenza ora supporta chiaramente la «Orch OR»", continuano Hameroff e Penrose. *"Il nostro nuovo studio aggiorna le prove, chiarisce che i bit quantici Orch OR ("qubit") sono percorsi elicoidali nei reticoli di microtubuli, respinge critiche, e rivede 20 previsioni verificabili sull'Orch OR pubblicate nel 1998; di queste, sei sono confermate e nessuna confutata".*
Viene introdotto un nuovo aspetto importante della teoria. Le vibrazioni quantiche nei microtubuli (es.: in megahertz) sembrano interferire e produrre "frequenze di battito" EEG molto più lente.

---

[164] https://it.wikipedia.org/wiki/Microtubulo

Nonostante un secolo di uso clinico, le origini alla base dei ritmi EEG sono rimaste misteriose. Gli studi clinici su brevi stimolazioni cerebrali che puntano alla risonanza dei microtubuli con le vibrazioni meccaniche megahertz, usando ultrasuoni transcranici, hanno mostrato miglioramenti auto-riferiti dell'umore, e possono risultare utili in futuro contro l'Alzheimer e le lesioni cerebrali. L'Autore principale Stuart Hameroff conclude che "la Orch OR è la teoria più rigorosa, completa e verificata della coscienza mai formulata. Dal punto di vista pratico, trattare le vibrazioni dei microtubuli cerebrali potrebbe dare benefici ad una serie di condizioni mentali, neurologiche e cognitive".[165]

Davide Fiscaletti definisce inoltre le similitudini fra iperuranio platonico e campo OR di Penrose: *"Una caratteristica essenziale del modello OR di Penrose è che la scelta dello stato finale in cui si verifica la riduzione oggettiva (lo stato da preconscio a conscio, ndr) non avviene né in modo random né in modo completamente algoritmico. Piuttosto, tale stato viene selezionato da un' informazione che si trova al livello fondamentale, cioè nella geometria dello spaziotempo rappresentata dalla scala di Planck. Penrose sostiene che tale informazione è platonica, nel senso che rappresenta pura verità matematica, puri valori estetici ed etici. Platone aveva proposto tali valori puri e forme pure, ma in un reame astratto. In questo modo, Penrose colloca il reame Platonico alla scala di Planck. Sarebbe quindi questo reame*

---

[165] *https://pianetablunews.wordpress.com/2014/01/20/vibrazione-quantica-nei-microtubuli-dei-neuroni-conferma-teoria-controversa-sulla-coscienza/*

platonico che, secondo Penrose, determina il funzionamento della nostra mente." [166]

Sembra esserci una coscienza universale dietro la nostra vita, in ogni manifestazione del reale. V'invito a guardare i video presenti ai seguenti link e gli studi condotti da Roger Nelson della Princeton University[167].

https://www.youtube.com/watch?v=UYqfhkbVp-g&feature=related
https://www.youtube.com/watch?v=FuZouqPUJT4&feature=related
https://www.youtube.com/watch?v=U10ZCZUAdP8&feature=related

Il Dott. Nelson afferma chiaramente che, alla luce degli esperimenti condotti, è ipotizzabile l'esistenza di una coscienza universale, un cervello "umano" globale, che raccoglie le emozioni collettive, e vibra in funzione di esse. Quando l'uomo prova emozioni, pensa, qualcosa nel mondo, nella coscienza universale, cambia.

---

[166] *Scienza e Conoscenza nr. 27 - 2009, Macro Edizioni, pag. 9*
[167] *https://en.wikipedia.org/wiki/Global_Consciousness_Project*

La premonizione e gli Archetipi. Intervista al Dott. P. Tressoldi

Nella stesura di questo lavoro e nella ricerca bibliografica ho avuto la fortuna di incontrare "virtualmente" tramite email scienziati che hanno risposto ad alcune mie domande. Fra questi il Dott. Patrizio Tressoldi[168], il quale generosamente mi ha fornito delle fantastiche bibliografie che mi hanno permesso poi di scrivere il capitolo successivo relativo agli archetipi e prove di fisica quantistica, e di chiarire alcuni miei dubbi sulla coscienza e sulla previsione del futuro.

"Domanda di P. Q.: Ritiene, alla luce dei suoi studi, che esista un inconscio collettivo? Se sì, ritiene che possa essere in qualche maniera inteso come l'inconscio collettivo junghiano, campo morfogenetico di Sheldrake, campo di punto zero di Bohm, campo Akashico di Laszlo o nessuno di loro.

Risposta di P. T.*: Come sicuramente avrà avuto modo di constatare, l'ipotesi di un "inconscio collettivo" o in termini più generali di una componente mentale, spirituale o di altro genere comune a tutti gli esseri umani o addirittura a tutti gli esseri viviventi, ha radici profonde nella filosofia e ovviamente non poteva non essere indagata anche attraverso i mezzi della ricerca scientifica.*

---

[168] Ricercatore al Dipartimento di Psicologia Generale Università di Padova http://www.psy.unipd.it/~tressold/cmssimple/

Attualmente questa ipotesi è ritenuta ancora marginale se non addirittura "eretica" dalla maggior parte degli studiosi della mente umana, ma ci sono interessanti sviluppi che spaziano dalla fisica quantistica, vedi l'articolo allegato, alla psicologia, e i libri "La mente estesa" di Sheldrake, Menti Interconnesse" di Dean Radin e "First Sight" di Jim Carpenter.

E' abbastanza naturale che il passaggio da una concezione della mente locale che quindi presuppone che tutti suoi contenuti, pensieri ed emozioni di cui possiamo essere più o meno consapevoli, possano agire solo sulla persona che li ha generati ad una mente nonlocale che invece presuppone che tutti i contenuti mentali possano propagarsi nel tempo e nello spazio senza confini, è piuttosto rivoluzionaria.

Nonostante questo, le evidenze scientifche a favore di questa idea di mente nonlocale si accumulano giorno dopo giorno con interessantissime ricadute sul piano applicativo.

Una sintesi delle migliori evidenze scientifiche è presente in questi due siti:
http://www.psy.unipd.it/~tressold/cmssimple/index.php?page=best-updated-empirical-and-theoretical-evidence

http://deanradin.com/evidence/evidence.htm

Domanda di P.Q.: *Secondo lei, sempre che abbia risposto sì alla prima domanda, possono esistere delle forme definibili come* *"archetipi" all'interno dell'inconscio collettivo o qualcosa di simile?*

Risposta di P. T.: *Sì. (N.d.A: mi è stata fornita l'indicazione bibliografica per scrivere il capitolo successivo)*

Domanda di P.Q.: *Che cosa è, a suo avviso (stando ai suoi studi), la premonizione?*

Risposta di P. T.: *Semplicemente un'acquisizione di informazioni future in modo più o meno inconsapevole, ad es. in sogno o tramite sensazioni fisiche, es. alterazione della frequenza cardiaca. Ovviamente il termine futuro ha senso nella concezione ordinaria di tempo, che comprende passato, presente e futuro, ma scompare in certe dimensioni fisiche e mentali, riducendosi a un'unica dimensione spazio-temporale dove passato, presente e futuro vengono unificati."*

La premonizione è quindi sentire un presentimento fisico che in qualche modo anticipa i fatti reali, rientra più nel settore della veggenza, cui non appartiene l'Astrologia, che cerco di definire nel presente lavoro. Non escludo però che in alcuni casi l'astrologo, inconsapevolmente, acceda a queste "visioni". La predizione e la previsione sono due termini completamente diversi, benché la prima in qualche modo assimili il senso di premonizione. L'astrologo, attraverso le tecniche interpretative, può sia predire sia prevedere, ma bisogna sempre prestare attenzione al loro utilizzo poiché, come abbiamo visto, quando l'Astrologia è "creduta", può produrre effetti.

Nel caso della predizione, la definizione fornita dall'enciclopedia Treccani online è: *"Il fatto di predire, di annunciare cioè in precedenza, a voce o in uno scritto (e di solito con autorità e in tono solenne) l'avverarsi di cose future, per ispirazione profetica, divina, paranormale (o affermate tali), o in seguito a ipotesi o induzioni fondate su esperienze pregresse, o sulla base di calcoli e dati scientifici: la p. dell'avvenire; fare una p., delle predizioni; la p. di un'eclisse, le p.di una teoria scientifica; la profezia è la p. certa degli eventi futuri che non possono prevedersi dagli uomini nelle cause naturali(Galluppi). Nel linguaggio scient. e tecnico il termine si è venuto affiancando, per influenza dell'ingl. prediction, al più diffusoprevisione (e analogam. predittore è talora usato, per influenza dell'ingl. predictor, invece di previsore, spec. quando si faccia riferimento a settori dedicati alla previsione di eventi)."*[169]

Poiché ritengo non vi siano molte persone con poteri di veggenza, sarebbe più opportuno, in Astrologia, utilizzare tecniche di previsione e non di predizione.

La previsione è così definita: *"Il fatto di prevedere, di supporre ciò che avverrà o come si svolgeranno in futuro gli eventi, basandosi su indizî più o meno sicuri, su induzioni, ipotesi o*

---

[169] http://www.treccani.it/vocabolario/predizione/

congetture: una p. giusta, sbagliata; fare una p.; azzardare delle p.; scopo delle teorie scientifiche è consentire p. controllabili sperimentalmente."[170]

Prevedere è quindi costruire congetture e ipotesi. Quando si analizza un tema natale, soprattutto attraverso i transiti astrologici che mettono in evidenza la ciclicità degli astri in relazione alla vita del consultante, l'Astrologo deve prima di tutto chiedergli come il medesimo movimento zodiacale abbia agito nel passato, deve conoscere la vita del consultante. In questo modo potrà costruire, assieme allo stesso, un modello previsionale il più veritiero possibile che, come tutti i modelli, potrà essere disatteso dagli accadimenti reali, poiché non è una fonte di Verità unica.

---

[170] http://www.treccani.it/vocabolario/previsione/

Gli Archetipi – Prove di fisica quantistica

Ho avuto modo di leggere, a proposito della relazione tra fisica quantistica e archetipi junghiani, l'articolo: *Quantum Information Theory Applied to Unconscious and Consciousness*[171] di François Martin, Federico Carminati, Giuliana Galli Carminati. I ricercatori hanno ipotizzato:

"In questo articolo facciamo alcune osservazioni sulle nozioni che abbiamo già introdotto nei precedenti articoli. Prima approfondiamo ulteriormente il modello di campo quantistico della coscienza e inconscio costruito con Baaquie Belal e mostriamo che è una formulazione quantistica del modello a strati dell'inconscio collettivo fondata nel 1925 da C. G. Jung. Quindi analizziamo ulteriori studi sulle informazioni quantistiche e clonazione quantistica per applicarle all'amplificazione di contenuti inconsci in modo tale che raggiungano la coscienza. Dopo di che, studiamo la coscienza e la sua particolarità quando contiene (entra in contatto) con la consapevolezza degli Stati inconsci. Questo ci porta ad esaminare se gli archetipi possano essere sistemi quantistici. In conclusione, vi elenchiamo i vari punti di vista circa l'essenza della coscienza. Il fatto che l'entanglement quantistico è "controllato" dall'esterno dello spazio-tempo porta alla conclusione che la coscienza sarebbe un'entità che agisce dall'esterno dello spazio-tempo" [172].

---

[171] NeuroQuantology | March 2013 | Volume 11 | Issue 1| Page. Traduzione di Paolo Quagliarella

[172] *Ibidem*, *""In this paper we make some comments about notions we already introduced in previous articles. First we further study the quantum field model of consciousness and unconscious built up together with Belal Baaquie and show that*

Nella ricerca gli Autori considerano la visione stratigrafica della Psiche junghiana e hanno postulato che la materia, gli stati mentali e la coscienza umana, insieme all'inconscio, siano di natura quantistica, un vero e proprio campo quantistico con proprie regole e leggi. La psiche dell'uomo sorgerebbe dall'eccitazione del campo quantico di base o vuoto quantico di Bohm. La materia e il campo della coscienza sono stati separati quando il mondo è nato, ma sono rimasti in relazione di *entangled*; grazie a questa relazione è possibile comprendere come, ad esempio, accadano anche i fenomeni sincronistici. Gli Autori hanno dimostrato (attraverso formule e calcoli) che il campo quantico è strutturato in modo tale da accogliere le ipotesi junghiane di psiche, inconscio personale, inconscio collettivo, archetipi, rappresentazioni archetipiche (simboli). Le loro conclusioni sono riassunte in: *"Ci sono varie opinioni sulla coscienza. Uno, che è assunto dalla maggior parte dei neuroscienziati, è il punto di vista materialista (Seth et al., 2006). Questa visione postula che la coscienza è una proprietà emergente del cervello riducibile alla sua complessità neurale. Poi, c'è la visione seguita in questo articolo: la coscienza ha i presupposti per essere un campo quantico universale immateriale (Baaquie e Martin, 2005; Eccles, 1994), per cui qualsiasi*

---

it is a quantum formulation of the layered model of the Collective Unconscious established by C. G. Jung in 1925. Then we further study quantum information and quantum cloning in order to apply them to amplification of unconscious components in such a way that they reach consciousness. After that, we study consciousness and its special feature when it consists in awareness of unconscious states. This leads us to examine if Archetypes could be quantum systems. In conclusion, we list various points of view about the essence of consciousness. The fact that quantum entanglement is "controlled" from outside space-time leads to the conclusion that consciousness would be an entity which acts from outside space-time."

coscienza individuale è prodotta da un'eccitazione particolare di questo campo quantico mentale universale sottostante. In questa ottica la coscienza non è riducibile alla complessità neurale del cervello, ma è correlata ad esso (probabilmente tramite entanglement quantistico). Tuttavia, c'è un terzo punto di vista, che affonda le sue radici nel fatto che l'entanglement quantistico è "controllato" dall'esterno dello spazio-tempo. Questo punto di vista presuppone che la coscienza sia un'entità che agisce dall'esterno dello spazio-tempo: "è ben noto che la fisica quantistica supporti la metafisica sperimentale: mente e coscienza possono essere considerati un prodotto di stati quantico meccanici del cervello. In realtà, auto-organizzazione è un altro modo di descrivere la dinamica casuale neuronale che è controllata dall'esterno dello spazio-tempo da principi non osservabili come libero arbitrio e coscienza: auto-organizzazione del cervello è sinonimo di organizzazione di sé "(Suarez, 2008). C'è ancora un lungo cammino e un sacco di lavoro da fare, prima che si sia compreso quale sia l'essenza della coscienza. Questo articolo si conclude con alcune riflessioni sugli archetipi, un concetto introdotto da C. G. Jung. Abbiamo provato a considerare se potessero essere considerati un concetto quantistico. Questo ci ha portato a due nozioni diverse: archetipi (con un grande A) che sono sistemi quantistici vuoti di qualsiasi rappresentazione e archetipi (con una piccola a) che sono le rappresentazioni degli archetipi. Anche se gli archetipi divengono rappresentazione archetipica restano nel reame della fisica quantistica; non diventano "classiche". (N.d.A il simbolo che rappresenta la rappresentazione archetipica mantiene la dualità, ad esempio l'archetipo di madre, diviene rappresentazione archetipica di madre buona e cattiva contemporaneamente). Questo punto di vista sembra abbastanza plausibile. (N.d.A. Gli Archetipi possono essere rappresentati come un concetto quantistico)"[173]

Alla luce di quanto affermato dagli Autori, sembra che la teoria junghiana degli Archetipi, della coscienza e dell'inconscio collettivo sia plausibile al punto tale che si è potuta costruire un'interpretazione matematica coerente della stessa. Plausibile non significa reale, ma senza dubbio permette di spiegare i numerosi fenomeni sino ad ora non ancora formalizzati in termini matematici. Pensare che la sincronicità e gli archetipi abbiamo finalmente trovato diritto di esistenza nel mondo scientifico, è motivo di grande soddisfazione.

Inoltre, in una breve intervista che gentilmente mi ha rilasciato via skype uno degli Autori, il Dott. Federico Carminati[174], aggiunge che a suo avviso: *"In un universo senza materia, per quello che sappiamo, la fisica non sarebbe diversa. Tutte le particelle sarebbero presenti, solo che lo sarebbero virtualmente. Almeno è quello che pensiamo. Il vuoto non è l'assenza di materia ma la matrice di tutte le possibilità, la vis formandi ultima di tutto ciò che può esistere. Se pensiamo che gli archetipi siano la stessa cosa, allora sono immutabili ed eterni, solo che quando non c'erano gli*

---

[173] *Ibidem.*
[174] Senior Programming Physicist at CERN.

uomini, non avevano la forma che hanno preso per noi. Ma forse i cani danno la loro forma agli archetipi, e anche i marziani. Insomma, gli archetipi non sono formati dal pensiero degli uomini. Sono le immagini archetipali che sono formate dal pensiero degli uomini secondo la loro natura, ma secondo leggi formali che sono eterne. I marziani formeranno le loro forme di pensiero sugli stessi archetipi ma con risultati diversi. Ma questa è solo una ipotesi. L'altra è che gli archetipi siano la memoria accumulata dell'attività psichica di tutti gli esseri viventi che sono mai esistiti, dai procarioti fino a noi. Quindi non esistono in sé ma solo perché noi siamo esistiti, esistiamo e esisteremo. Quindi gli archetipi evolvono, ma molto lentamente. Sono in qualche senso la nostra matrice di lettura del reale evoluta con noi. Insomma sta a te se vuoi essere Platonico o Aristotelico"

Ervin Laszlo - Akasha

Riassumere quanto esposto da Ervin Laszlo ne: "La scienza e il campo akashico" è un'impresa ardua e anche poco sensata, il libro va letto tutto perché pregno di significati e di esperimenti che provano come tutto sia in relazione con tutto, come l'uomo stesso vibri e sia collegato all'intero cosmo. Ciò che mi colpisce di questo libro è come attraverso l'interpretazione elegante e chiara di numerosi esperimenti scientifici venga portato alla luce il concetto di comunione, di unione con il tutto, ma ancora più importante di come l'uomo possa consapevolmente modificare la realtà che gli sta attorno. Laszlo riporta alla luce l'Etere o campo Akashico tanto caro anche a uno scienziato italiano, Marco Todeschini, del quale abbiamo parlato in un capitolo del presente libro, ingiustamente poco conosciuto.

L'Akasha sottende a tutto, l'Akasha è l'Etere da cui tutto prende forma. In essa avvengono le comunicazioni non locali, sincronistiche. L'Akasha è un campo in-formato, nel senso non che contiene informazioni ma che permette la connessione istantanea fra elementi presenti in esso, ed è garante della manifestazione della realtà. Senza l'Akasha non esisterebbe la materia come espressione nel tempo e nello spazio. L'in-formazione si muove nel campo, contiene il mondo delle possibili manifestazioni della realtà. L'in-formazione è l'archetipo dell'archetipo. Nell'Akasha non esistono le in-formazioni, ma tutto è in-formazione, tutto è in potenza. L'*informazione* è diversa dall'*in-formazione*, non è una lista, un *array* ordinato di bit è pura potenza intesa in termini aristotelici.

Nell'Akasha si comprende come tutto sia in relazione con tutto. La realtà si manifesta in continuazione come fosse una danza tra pieno e vuoto, fra materia che appare e scompare. E' come se fosse un mare che permea l'universo, le cui increspature producono la materia. Il movimento sembra avere un *telos*, un fine nel senso che, man mano che la materia appare, si aggrega e cresce secondo un senso. Nello stesso tempo il nostro osservare, pensare, vivere, permette di far manifestare la forma dell'in-formazione che diviene informazione o rappresentazione archetipica, utilizzando una terminologia junghiana, appare la materia.

Immaginiamo le increspature e le onde che si generano quando un'imbarcazione solca il mare, quando ve n'è una seconda nelle vicinanze, le onde interferiscono fra loro. Le onde che si muovono nel mare dell'Akasha entrano in relazione con tutte le altre, dunque una nostra azione risuona e interferisce con quelle delle altre, all'infinito. Il campo di realtà in cui viviamo è anche il frutto dell'operato consapevole o inconsapevole degli altri.

Il campo akashico non si manifesta all'esterno in maniera scientifica, misurabile, ma se ne colgono gli effetti. Così come attraverso un oggetto che cade comprendiamo che vi sia una legge che esiste nel campo gravitazionale a regolarne la caduta, allo stesso modo osservando il manifestarsi della realtà quantistica, sincronistica, è postulabile un campo akashico. Il campo gravitazionale non è visibile in quanto campo, ma ne notiamo gli effetti. Allo stesso modo per il campo akashico prendiamo nota degli effetti.

Faccio riferimento a un solo esperimento, fra i numerosi citati da Laszlo, che riguarda la radioestesia e ripeto che è necessario leggere il suo libro per intero, affinché se ne possano cogliere gli aspetti rivoluzionari.

"Il terzo esperimento riguardò la radioestesia. Pare che chi la pratica sia spesso in grado di localizzare la posizione delle vene d'acqua con grande precisione. Le bacchette e i pendoli per la radioestesia reagiscono alla presenza di acqua sotterranea, di campi magnetici e persino di olio e altre sostanze naturali (evidentemente, non è la bacchetta a reagire alla presenza di acqua e altre cose, ma il cervello e il sistema nervoso della persona che la tiene in mano. La bacchetta, il pendolo o altri strumenti della radioestesia non si spostano a meno che non siano tenuti in mano da un radioestesista: essi non fanno altro che amplificare le reazioni sottili e involontarie che muovono il braccio dell'operatore). Sembra che i radioestesisti siano anche in grado di raccogliere informazioni non prodotte da cause naturali ma proiettate a lunga distanza dalla mente di un'altra persona. Linee, figure e forme "captabili" possono essere create dall'intento cosciente di una persona, e tali linee, figure e forme influenzano la mente e il corpo di persone distanti a cui non è stato detto cosa è stato creato e quando. Le loro bacchette si spostano proprio come se figure, linee e forme fossero provocate da cause naturali immediatamente di fronte a loro. E' questo ciò che ha scoperto una serie di esperimenti sulla radioestesia a distanza eseguiti negli ultimi dieci anni da Jeffrey Keen, stimato ingegnere, insieme ai colleghi del Gruppo di Radioestesia della Società Britannica dei

Radioestesisti. In un considerevole numero di esperimenti è stato possibile identificare da parte dei radioestesisti le forme esatte create dallo sperimentatore. Si è scoperto che le forme potevano essere posizionate con una precisione di pochi centimetri anche se create a migliaia di chilometri di distanza. La precisione del posizionamento non veniva influenzata dalla distanza tra la persona che creava i campi di radioestesia e la posizione fisica dei campi: si producevano gli stessi risultati anche quando lo sperimentatore creava una forma a pochi centimetri o a oltre settemila chilometri di distanza. Non c'era differenza sia che lo sperimentatore fosse in piedi sul terreno, si trovasse all'interno di una caverna sotterranea, volasse su un aeroplano o fosse all'interno di una gabbia di Faraday elettromagneticamente schermata. Nemmeno il tempo sembrava essere un fattore significativo: i campi venivano creati più velocemente di quanto si potessero eseguire misurazioni, anche a grandi distanze. Il tempo si dimostrava irrilevante anche perché i campi restavano presenti e stabili in ogni momento dopo la loro creazione. In un caso, durarono oltre tre anni. Ma potevano essere cancellati se la persona che li aveva creati lo desiderava. Keen concluse che i campi radioestesici vengono creati e mantenuti in un "Campo di Informazioni che pervade l'universo". Il cervello interagisce con questo campo e percepisce i campi radioestesici come ologrammi. Questo, secondo Keen e il Gruppo di Ricerca sulla Radioestesia, è un esempio di interazione non-locale tra il cervello e il campo da parte di persone diverse e anche distanti." [175]

---

[175] E. Laszlo, La scienza e il campo akashico, Urra – Apogeo S.r.l., Milano, 2009, 194

Inoltre, approfondendo la lettura,[176] ci avviciniamo alla visione panpsichista della realtà, che afferma come esistano una psiche e una materia universali che permeano il mondo. Il punto di vista di Laszlo amplia questo concetto affermando che l'*"universo informato va oltre la visione panpsichista classica, aggiungendovi una dimensione evolutiva. La Psiche è effettivamente presente in tutto l'universo, ma non è presente ovunque allo stesso modo, allo stesso livello di sviluppo. La psiche si evolve così come la materia."*[177]. Questo modo di vedere, spalanca le porte ad una visione totalizzante del mondo in cui ogni manifestazione, a proprio modo a seconda del livello di evoluzione, possiede una coscienza. Secondo Lazslo la coscienza dell'uomo è la sua psiche articolata ed evoluta, figlia comunque di una coscienza universale. Grazie a questa visione abbiamo modo di comprendere come il dualismo materia-mente non esista e siano due elementi, fondamentali e complementari, per leggere la realtà. Quando colgo l'esistenza di un oggetto al di fuori di me, lo faccio attraverso i sensi che percepiscono la materia, ma quando questo oggetto viene portato all'interno della mia testa, l'aspetto che otteniamo è "mente", psiche. Per mente intendo sensazioni suscitate dall'oggetto, emozioni caratteristiche che non appartengono alla mera materialità. Materia e mente sono analoghe, per certi versi, al dualismo onda particella della fisica quantistica, sono vere entrambe contemporaneamente e rappresentano la medesima realtà

---

pagg. 43-46.
[176] Cfr. Ibidem, pagg. 95-100.
[177] *Ibidem*, pag. 95.

che viene scoperta con attributi diversi. La visione interna che permette alla mente di manifestarsi, quando volge il proprio sguardo alla realtà, è disponibile soltanto in relazione al nostro cervello fisico, vale a dire che è esso stesso a produrla, eppure noi non cogliamo le sinapsi, la rete complessa di neuroni, ma "*ciò che percepiamo è un flusso complesso di idee, sensazioni, intenzioni ed emozioni*".[178] Questa visione cambia quando dall'esterno noi percepiamo, ad esempio, il cervello di un altro uomo, inteso come neurologia, biofisica. Immaginiamo di guardare una PET[179] di un soggetto che sta pensando, parlando o sognando, in questo caso non vedremo altro che impulsi elettrici e cambiamenti biochimici del suo cervello, ma anche il soggetto stesso in quel momento sta utilizzando la mente che è in relazione con la materia, eppure le nostre strumentazioni non la colgono. Questo ci dimostra come, guardando solo alla materia, possiamo emettere giudizi sbagliati e pensare ad esempio che solo noi siamo coscienti, mentre gli altri sono una nostra manifestazione e creazione; in questo modo cade il concetto solipsistico. Tutta la materia è coscienza e tutta la coscienza è materia, in ogni uomo, materia e coscienza, hanno il medesimo livello di evoluzione strutturale, negli altri elementi, biologici, chimici, fisici, ne hanno una diversa. A. Withead afferma che tutte le cose del mondo hanno un "polo" fisico e uno mentale, allo stesso modo il biologo, premio Nobel G. Wald, conferma che a suo parere la mente non è emersa come tardo risultato della vita, bensì è sempre esistita. Il fatto che noi, ad esempio, guardiamo un

---

[178] *Ibidem*, pag. 96.
[179] https://it.wikipedia.org/wiki/Tomografia_a_emissione_di_positroni

sasso e affermiamo che non abbia coscienza, possiede soltanto materia, è un'affermazione errata, come abbiamo visto con l'esempio del cervello dell'uomo. La psiche/coscienza del sasso è strutturata in maniera diversa da quella dell'uomo, ha un'evoluzione non in linea con quella umana, magari noi non possiamo razionalmente provare l'esistenza della sua psiche/coscienza, a causa della diversità di evoluzione, ma sappiamo che esiste, possiamo prenderne atto andando oltre i cinque sensi.[180] Quando però utilizziamo il sasso per i nostri scopi, come ad esempio costruire una casa, stiamo manipolando la materia, ma nello stesso tempo, come si è evinto da discorsi precedenti, anche manipolare la sua psiche/coscienza, ma non possiamo "misurare", al momento, questa variazione. Sappiamo però dalla scienza che ogni corpo, anche il nostro, produce vibrazioni e di conseguenza onde nel campo di punto zero (Akasha), allo stesso tempo accade la medesima cosa quando pensiamo. Ogni vibrazione è diversa a seconda di chi la produce, dell'emittente. L'intersecarsi delle onde produce, naturalmente, cambiamenti anche nella materia, interferisce, e dunque, ogni cosa è in relazione con le altre. L'onda, una volta prodotta, non sparisce mai completamente, come scriveva Jung a proposito degli archetipi: *"Gli archetipi sono come i letti dei fiumi abbandonati dall'acqua, che però possono nuovamente accoglierla dopo un certo tempo. Un archetipo è simile a una gola di montagna in cui*

---

[180] *"Nell'universo in-formato il nostro cervello-mente può accedere ad una vasta gamma di informazioni, ben oltre quelle veicolate attraverso i cinque organi di senso. Noi siamo, o possiamo essere, letteralmente in contatto con quasi ogni parte del mondo, che sia qui sulla Terra oppure oltre, nel cosmo."*

la corrente della vita si sia lungamente riversata: quanto più ha scavato questo letto, quanto più ha conservato questa direzione, tanto più è probabile che, presto o tardi, essa vi ritorni." [181].

Se il nostro pensiero crea delle forme che perdurano nel campo akashico, è immediato il parallelo con l'esistenza degli archetipi. Jung affermava che questi ultimi sono biologici poiché sono comuni a ciascun uomo. L'archetipo della madre esiste in ogni persona appartenente alla razza umana, è colei che ci offre l'holding, l'accudimento: di conseguenza il pensiero dell'uomo ha modificato il campo rendendo permanente, vivo, l'archetipo della madre. Allo stesso modo possiamo affermare che pensare i miti, guardare il cielo e proiettarne le qualità umane archetipiche ha permesso di creare quel linguaggio analogico-simbolico che è l'Astrologia.

---

[181] Carl Gustav Jung, *Aspetti del dramma contemporaneo*, 1945

E quindi?

\ *"Arte è imporre un disegno all'esperienza, e il nostro godimento estetico sta nel riconoscere quel disegno."* A. N. Withead

Dalla lettura di questo *excursus* fra diversi esperimenti di fisica quantistica e punti di vista di numerosi scienziati sono emersi due postulati importanti:

1. È l'uomo che, in quanto osservatore, crea la realtà, diventa quindi "partecipatore".
2. Che ciò che l'uomo crede, e le convinzioni che possiede, trasformano la realtà.

Questo binomio è ciò che restituisce la divinità, l'Eden, all'uomo. Alla luce di questi dati comprendiamo come qualsiasi metodo (scientifico e non) che lavori sulle convinzioni dell'uomo, sulle sue credenze, possa essere uno strumento d'aiuto e di trasformazione, dall'Astrologia, alla Psicologia, alla PNL, alla Religione, ecc… Se queste discipline sono utilizzate con lo scopo di lavorare sui piani citati, possono davvero trasformare la vita, la realtà di ognuno di noi.

Possiamo ipotizzare un mondo in cui vi sia una legge Universale che governa tutto, ma che nello stesso tempo è in continua evoluzione grazie all'uomo stesso. Le in-formazioni si cristallizzano in informazioni, in realtà. Il vuoto quantico, o punto zero, alla fine è un *plenum*, come anche Aristotele in qualche modo ricordava quando affermava che la natura rifugge il vuoto (*horror vacui*).

La parola è azione (*verbum caro factum est*, recita la Genesi), il pensiero è azione; creare un "campo" con l'interlocutore, farlo sentire appartenente al tutto è fondamentale, affinché l'approccio con il medesimo sia fruttuoso e costruttivo, così come abbiamo letto anche nell'intero libro.

Ecco il motivo per il quale fare previsioni astrologiche può essere pericoloso, perché il fatto stesso di "identificarle" in qualche modo le crea e le rende possibili (auto avveranti). Allora perché, io mi chiedo, non "prevedere" costruendo ipotesi positive e meno distruttive, o meglio ancora costruire la "previsione" assieme alla volontà del consultante, fornendo dei semi interpretativi che poi germoglieranno da soli?

Lo stesso pensiero è declinabile anche nell'interpretazione del tema natale, che deve essere un dialogo, non un rito monodirezionale, colpevolizzante e identificante con l'idea che l'astrologo si fa del tema del consultante.

Come si è avuto modo di leggere, sono numerose e diverse le teorie scientifiche e filosofiche che offrono fondamenta salde all'Astrologia, diritto di esistenza. Io, da persona profondamente razionale, ritengo che qualsiasi linguaggio debba essere degno di essere preso in considerazione quando cerca di spiegare la realtà attraverso delle regole funzionali, coerenti all'interno del sistema, ma soprattutto quando permette di perseguire un fine che sia utile all'umanità.

La domanda iniziale di questo lavoro, perché l'Astrologia funziona? ritengo abbia ricevuto numerose risposte dalle più diverse discipline e altrettante, spero, ne possano aggiungere i lettori poiché desideravo suscitare anche curiosità e libertà interpretative.

L'Astrologia resta, comunque e sempre, un'Arte, intesa nel senso più profondo del termine, e come tale comunicherà con gli esseri umani che sapranno leggerla, utilizzarla, interpretarla , indipendentemente dalle spiegazioni che ho cercato di fornire. L'uomo nasce libero in una forma, con dei confini definiti e morbidamente elastici ma, al loro interno, i giardini che si possono realizzare o nascere spontaneamente, sono infiniti.

Bibliografia

Per quanto riguarda l'opera di C. G. Jung si sono consultate le *Opere Complete,* trad. it., Bollati-Boringhieri, Torino 1994, voll. IXX

1. Aurigemma L., Il contrasto tra Freud e Jung, Boringhieri, Torino 1975.
2. Avens R., C. G. Jung and Some Far Eastern Parallels, <<Cross Currents>>, 1973, n. 3., pag. 39-68..
3. Avens R., L'immaginazione e la realtà, trad. it., Edizioni di comunità, Milano 1985.
4. Bachofen J. J., Il matriarcato, Ricerca sulla ginecocrazia del mondo antico nei suoi aspetti religiosi e giuridici, trad. it.,Einaudi, Torino 1988.
5. Bachofen J. J., Versuch iiber die Grabersymbolik der Alten in K Marx, Stuttgart 1953.
6. Barbault A., "Dalla Psicanalisi all' Astrologia" Ed. Nuovi Orizzonti, Roma 1988.
7. Barducci M. C., Inconscio personalee inconscio collettivo, m A. Carotenuto (a cura di), Trattato di psicologia analitica, op .cit.
8. Bastide R., Sogno, trance e follia , trad. it., Jaca Book, Milano 1976.. Baudouin C., L'opera di Jung, trad. it., Garzanti, Milano 1985.
9. Baynes H. G., The Mhytology of the Saul, Baillière, Tindall & Cox, London 1940.
10. Bennet E. A., Che cosa ha detto veramente Jung, trad. it., Astrolabio, Roma 1967.
11. Boll F., Bezold C., Gundel W., Storia dell'Astrologia, sillabe, Livorno 1999.

12. Braden Gregg, Matrix divina, Macro Edizioni, Cesena, 2008.
13. C. G. Jung Bibliothek: Katalog, Kusnacht-Zurich, 1967.
14. Caramazza E., L ,ombra, in A. Carotenuto (a cura di), Trattato di psicologia analitica, op. cit.
15. Carotenuto A., Senso e contenuto della psicologia psicoanalitica, Boringhieri, Torino 1977.
16. Carotenuto A., Trattato di psicologia analitica, UTET, voll. II, Torino 1994.
17. Castellana F., L ,Io, in A. Carotenuto (a cura di), Trattato di psicologia analitica, op. cit.
18. Colonna M. T.-. Torrigiani A. L., Jung e l' Astrologia, in A. Carotenuto, Trattato di psicologia analitica, op. cit.
19. Creuzer F. , sta in J. Jacobi: Complesso) Archetipo, Simbolo, trad. it., Boringhieri, Torino 1971.
20. Creuzer F., Symbolik und Mythologie, Leske, Leipzig 1810.
21. De Luca Comandini F., Commento, in P. Aite, A. Carotenuto, Itinerari del pensiero junghiano, R. Cortina, Milano 1989.
22. Ellenberger H. F., La scoperta dell ,inconscio, trad.it., Universale Bollati-Boringhieri, Torino 1976.
23. Filloux J. C., L ,inconscio, trad. it., Xenia, Milano 1996, pag. 88.
24. Franz von M., Alchimia , trad. it., Boringhieri, Torino 1984.
25. Freud S., Opere 1909-1912, trad. it., Boringhieri, Torino 1974, vol. VI.
26. Frey-Rohn L., Da Freud a Jung, trad. it.,R. Cortina, Milano 1984.
27. Gauquelin M. L 'Jnfluence des Astres, Ed. du Dauphin, Paris 1955; Les Hommes et les Astres, coll. <<La Tour St. Jacques>>, Ed. Denoel, Paris 1960, pag. 67-85.
28. Glover E., Freud o Jung, trad. it., SugarCo, Milano 1978.
29. Hall C. S., Nordby V. J., J ung e la psicologia analitica , trad. it., Laterza, Bari 1983.

30. Hannah B., Vita e opere di C. G. Jung, trad. it., Rusconi, Milano 1980.
31. Hillmann J, Anima I, <<Rivista di psicologia analitica>>, 1983, n. 27, pag. 31-72.
32. Hillmann J, Re-visione della psicologia , trad. it., Adelphi, Milano, 1983.
33. Hillmann J., Saggio su Pan, Adelphi, Milano 1977.
34. Hillmann J., Senex et Puer, trad. it., Marsilio, Padova 1973.
35. Imbasciati A., Jntroduzio_ne alle scienze psicologiche, UTET, Torino 1986.
36. Jacobi J., La psicologia di C. G. Jung, Boringhieri, Torino 1965.
37. Jung C. G.,Analytical Psychology: Notes of the Seminar Given in 1925, Princeton University Press, Princeton 1989.
38. Jung C. G., Lettere tra Freud e Jung, trad. it., Boringhieri, Torino 1974.
39. Jung C. G., Letters 1906-1950, Princeton University Press, Princeton, 1973,vol. I.
40. Jung C. G., Ricordi Sogni Riflessioni, trad. it., Il Saggiatore, Milano 1965.
41. Jung C. G., Psicologia sogno ed associazione verbale, trad. it., NewtonCompton, Roma 1995.
42. Kammerer P.; Das Gesetz der Serie, Stuttgart und Berlin 1919.
43. Laszlo Ervin, La scienza e il campo akashico, Urra - Apogeo S.r.l., Milano, 2009
44. M. Moreno, La dimensione simbolica , Marsilio, Padova 1974.
45. Marra L., Jung e la fenomenologia, in A. Carotenuto (a cura di), Trattato di psicologia analitica, op .cit.
46. McGuire W. (a cura di), Lettere tra Freud e Jung, trad. it., Boringhieri, Torino 1974.
47. McGuire W., Jung' s Complex Reactions. <<Spring>>, 1984, pag. 17-35.

48. McGuire W., The Psichology of the Unconscious, Princeton University Press, Princeton 1973.
49. McGuire W.e Hull R. F. C., Jung parla: interviste e incontri, trad.it, Adelphi, Milano 1995.
50. Montefoschi S., C. G. Jung. Un pensiero in divenire, Garzanti, Milano 1985.
51. Needham J., Scienza e civiltà in Cina, Einaudi, Torino 1988, voll. II.
52. Neumann E., L' uomo creativo e la trasformazione, trad. it., Marsilio, Padova 1975.
53. Paskauskas R. A. (a cura di), The Complete Correspondence of Sigmund Freud and Ernest Jones, 1908-1939, International Universities Press, New York, 1964.
54. Richards R., The Meaning of Evolution: Morphological Construction and Ideological Reconstruction of Darwin' s Theory, University of Chicago Press, Chicago 1992.
55. Rocci G., C. G. Jung e il suo Daìmon, Bulzoni, Roma 1994. Rudhyar D., L'Astrologia e la psiche moderna, Astrolabio, Roma 1992.
56. Samuels A., Jung e i neojunghiani, trad. it., Roma, Borla, 1989.
57. Shamdasani S., A Woman Called Frank, <<Spring>>, 1990, n. 50, pagg. 40.
58. Sheldrake Rupert, Le illusioni della scienza, Urra - Apogeo S.r.l, Milano, 2013
59. Sicuteri R., Astrologia e mito, Astrolabio, Roma 1978.
60. Tarnas Richard, Cosmo e Psiche, Edizioni Mediterranee, Roma, 2012.
61. Teodorani Massimo, Bohm, Macro Edizioni, Cesena, 2013.
62. Teodorani Massimo, Entaglement, Macro Edizioni, Cesena, 2006.
63. Teodorani Massimo, Sincronicità, Macro Edizioni, Cesena, 2006.

64. Trungpa Ch., The Myth of Freedom and the Way of M editation, Shambala, Berkeley - London 1976.
65. Ulanov A. B., The Feminine in Junghian Psychology and Christian Theology, University Press, Princeton, 1989.
66. Vegetti Finzi S., Storia della psicoanalisi, A. Mondadori, Milano 1986.
67. Watzlawick Paul (a cura di), La realtà inventata, Feltrinelli, Milano, 2010
68. Webb J., Il sistema occulto, trad. it., SugarCo, Milano 1989.
69. Whitmont E. C., La ricerca simbolica, trad.it., Astrolabio, Roma 1982.
70. Zolla E., La psicoanalisi, Garzanti, Milano 1960.

PREFAZIONE A CURA DI ENZO BARILLÀ 4
PREFAZIONE A CURA DI GRAZIA BORDONI 8
PREMESSA E RINGRAZIAMENTI 11
INTRODUZIONE 13
PERCHÉ L'ASTROLOGIA FUNZIONA? 18

BIOLOGIA 20
   Margenau, come c'inventeremmo la realtà 20
   Rupert Sheldrake e i campi morfici 24
   E quindi? 33
   Motivazioni psicologiche 34
   Effetto Barnum - Forer 34
   La Dissonanza cognitiva e il Costruttivismo 40
   Esperimenti interessanti 49
      Rosenthal – i topi e Oak School 49
      Lucian Cordaro, J.R. Ison e i vermi 52
   IL MODELLO DI C. G. JUNG TRAMITE IL QUALE L'ASTROLOGIA FUNZIONA 54
   L'unità del mondo e del cosmo 55
   L'inconscio collettivo 61
   Gli Archetipi 71
   La sincronicità 81
   Jung e l'Astrologia 105
      Jung e l'Astrologia, dall'epistolario 106
      La mia intervista a C. G. Jung 117
   Mito e Astrologia 130
      Ernst Cassirer e il linguaggio del mito 131
      Joseph Campbell e il mito 138
   Counseling o Astrologia? 143
   E quindi? 149
   FISICA QUANTISTICA 152
   L'Etere 153
   Carl Gustav Jung, Wolfgang Pauli e la sincronicità 156
   Esperimenti interessanti 161
      Alain Aspect – Etere 161
      L. Poponin, P. Garjajev – DNA Fantasma 163
      Emozioni e DNA 164
      Doppia fenditura 166
   Marco Todeschini - Etere 169

David Bohm – Olomovimento *172*
Roger Penrose *176*
La premonizione e gli Archetipi. Intervista al Dott. P. Tressoldi ... 181
Gli Archetipi – Prove di fisica quantistica *186*
Ervin Laszlo - Akasha *191*
E quindi? *199*

BIBLIOGRAFIA **202**

www.ingramcontent.com/pod-product-compliance
Lightning Source LLC
Chambersburg PA
CBHW070742160426
43192CB00009B/1542